I0217532

www.ingramcontent.com/pod-product-compliance
Lightning Source LLC
Chambersburg PA
CBHW031417040426
42444CB00005B/603
* 9 7 8 1 6 8 5 6 8 1 9 1 3 *

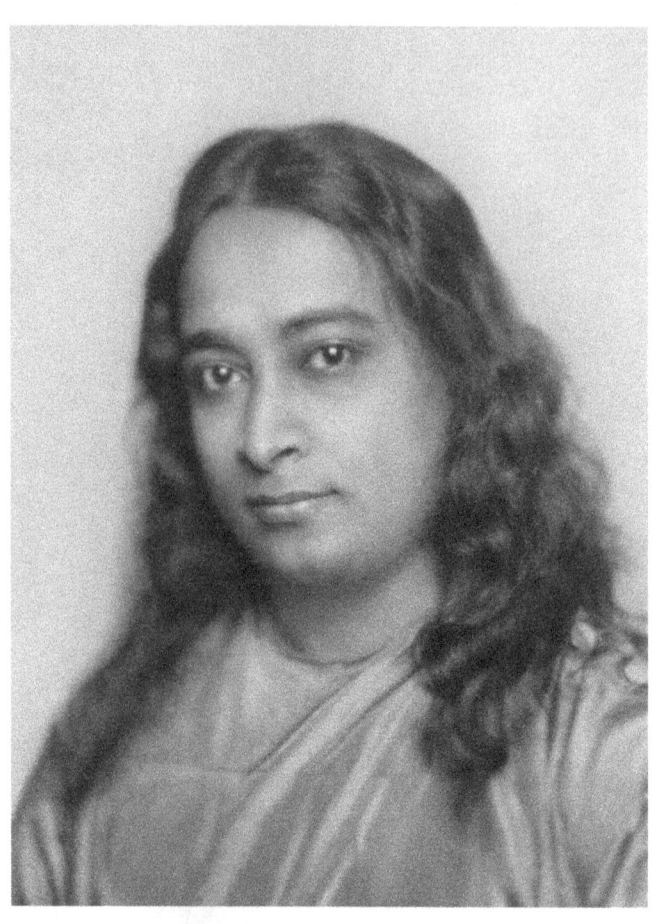

برمهنسا يوغانندا

(١٨٩٣-١٩٥٢)

العيش بجرأة وبدون خوف

إظهار قوة الروح التي في داخلك

مختارات من محاضرات وكتابات
برمهنسا يوغانندا

Self-Realization Fellowship
FOUNDED 1920 BY PARAMAHANSA YOGANANDA

نبذة عن هذا الكتاب: العيش بجرأة وبدون خوف: إظهار قوة الروح التي في داخلك *Living Fearlessly: Bringing Out Your Inner Soul Strength* هو مجموعة مختارة من كتابات ومحاضرات وأحاديث برمهنسا يوغانندا. ظهرت هذه المختارات في الأصل في كتبه، وفي مقالات منشورة في مجلة Self-Realization (المجلة التي أسسها عام ١٩٢٥)، وفي مجموعة محاضراته ومقالاته (في ثلاثة مجلدات)، وغيرها من منشورات Self-Realization Fellowship.

تم نشر العنوان الأصلي باللغة الإنكليزية
بواسطة Self-Realization Fellowship، لوس أنجلوس (كاليفورنيا):
Living Fearlessly:
Bringing Out Your Inner Soul Strength

ISBN: 978-0-87612-469-7

تُرجم إلى العربية بواسطة Self-Realization Fellowship

حقوق النشر محفوظة لـ Self-Realization Fellowship © ٢٠٢٤

Copyright © 2024 Self-Realization Fellowship

جميع الحقوق محفوظة. باستثناء الاقتباسات الموجزة في مراجعات الكتب، لا يجوز إعادة إنتاج أي جزء من العيش بجرأة وبدون خوف: إظهار قوة الروح التي في داخلك *(Living Fearlessly: Bringing Out Your Inner Soul Strength)* أو تخزينه، أو نقله، أو عرضه بأي شكل، أو بأي وسيلة (إلكترونية أو ميكانيكية أو غير ذلك) معروفة الآن أو سيتم ابتكارها فيما بعد - بما في ذلك النسخ والتسجيل أو أي نظام لتخزين المعلومات واسترجاعها - دون إذن كتابي مسبق من الناشر:

Self-Realization Fellowship, 3880 San Rafael Avenue,
Los Angeles, California 90065-3219, U.S.A.

بترخيص من مجلس النشر الدولي التابع إلى
Self-Realization Fellowship

إن اسم وشعار (Self-Realization Fellowship) المبينين أعلاه يظهران على جميع كتب وتسجيلات ومطبوعات أخرى صادرة عن Self-Realization Fellowship مما يؤكد للقارئ أن المادة المنشورة مصدرها الجماعة التي أسسها برمهنسا يوغانندا وأنها تنقل تعاليمه بصدق وأمانة.

الطبعة العربية الأولى، ٢٠٢٤
First edition in Arabic, 2024
هذا الإصدار، ٢٠٢٤
This printing, 2024

ISBN: 978-1-68568-191-3

1329-J08196

في سيرته الذاتية مذكرات يوغي، روى برمهنسا يوغانندا المحادثة التالية مع معلمه سوامي سري يوكتسوار:

قلت: "سيدي، أود سماع بعض قصص طفولتك."

وأبرقت عينا سري يوكتسوار وهو يقول منبهاً: "سأروي لك بعض القصص، ولكل واحدة منها عِبرة!"

ذات يوم حاولت أمي أن تخيفني بقصة مروعة عن وجود شبح في إحدى الغرف المظلمة، فتوجهت على الفور إلى تلك الغرفة وأعربت عن خيبة أملي لعدم عثوري على الشبح!

"العِبرة: عندما تجابه الخوف يكف عن مضايقتك!"

المحتويات

اجعل حياتك مغامرة إلهية ١٠

أفكار للنفس الجريئة ١٧

ترياقات عملية مضادة للمخاوف والهموم ٢٠

إزالة تشويش الخوف من العقل ٢٤

العقل الجريء والجسم السليم: إعادة سرد لحكاية تقليدية ٣١

فلأقهر الخوف ٣٣

تحرير الوعي من الهموم ٣٤

الأسد الذي أصبح نعجة: إعادة سرد لقصة تقليدية من الهند ٤١

أسد الذات الذي لا يُقهر ٤٥

الطريق إلى التخلص بصورة دائمة من الخوف ٤٦

العثور على طمأنينة النفس والشعور بأن الله معك ٥٤

عدم الخوف يعني الإيمان بالله ٥٩

الخاتمة: قف صامداً وسط ارتطام «العوالم المتصادمة» ٦٥

العيش بجرأة وبدون خوف

اجعل حياتك
مغامرة إلـهية

الحياة هي أعظم مغامرة يمكن تصورها. على الرغم من أن حياة بعض الأشخاص تخلو من الكثير من الأحداث الهامة والمثيرة، إلا أن بعضها الآخر مليء بالتجارب غير العادية... ومع ذلك فإن فهم طبيعة الروح الإلهي هو أعظم مغامرة في هذا الكون...

صادق نفسك
بالتأكيد على طبيعتك الإلهية

إن المغامرة مع الحيوانات البرية في جنوب أفريقيا لا تقارن بمغامرة الحياة نفسها.

ولا توجد قصة أخرى في التاريخ ممتعة ومثيرة للاهتمام مثلها. الإنسان بذكائه يعرف كيف يحمي نفسه ضد الحيوانات، لكنه لا يعرف كيف يحمي نفسه من عاداته السيئة وطرقه الشريرة.

مقتطفات من محاضرة بعنوان "مغامرة الإنسان العظمى *Man's Greatest Adventure*" ألقيت في المقر العالمي لـ Self-Realization Fellowship في لوس أنجلوس. تظهر المحاضرة كاملة في كتاب *Man's Eternal Quest* (المجلد الأول من مجموعة محاضرات ومقالات برمهنسا يوغانندا).

الإنسان هو ألد أعداء نفسه. أكثر من الأعداء الشخصيين أو الوطنيين، وأكثر من الجراثيم أو القنابل أو أي تهديد آخر، يجب على الإنسان أن يخشى نفسه عندما يخطئ. إن بقاءك جاهلاً بطبيعتك الإلهية والسماح للعادات السيئة بأن تسيطر عليك يعني أن تصبح عدواً لنفسك. وأفضل طريقة للنجاح في مغامرة الحياة هذه هي أن تكون صديقاً لنفسك. قال كريشنا: "الذات العليا هي صديقة النفس (المتحولة [روحياً])، ولكنها عدوة النفس غير المتجددة [روحياً]."*

الأعداء الخفيون

من السهل أن نتصور أنفسنا وقد بدأنا في استكشاف بلد متوحش ومجهول بالنسبة لنا. إذا كنا سنسافر بالسفينة، نحتاج لأن نأخذ معنا قارب نجاة؛ لأنه إذا غرقت السفينة البخارية، نعلم أنه بإمكاننا الركوب في قارب النجاة وإنقاذ أنفسنا.

ولكن في الكثير من تجارب الحياة يبدو أن هناك ثقباً يتسرب الماء منه في قارب النجاة، بغض النظر عن الاحتياطات التي اتخذناها.

في غابة تنتشر فيها الحيوانات، يمكنك اتخاذ التدابير الاحترازية المعقولة ضد الوحوش، ولكن التغلب على المخاطر الخفية أكثر صعوبة. كيف تحمي نفسك من عدد هائل من الجراثيم؟ فالملايين منها تحوم حولنا طوال الوقت... الطبيعة تبني جداراً

* Bhagavad Gita VI:6.

اجعل حياتك مغامرة إلهية

من الخلايا حول تلك الجراثيم لتقييدها، لكن ذلك الجدار فعّال فقط ما دام الجسم قادراً على الاحتفاظ بمقاومته للجراثيم. وصراع الحياة هذا هو مستمر في غابة الحياة غير المرئية في داخلنا!...

وللمضي قُدماً بأمان عبر غابة الحياة هذه، يجب أن تزود نفسك بالأسلحة المناسبة.... الإنسان الحكيم المسلح ضد جميع أشكال الصراع ــ ضد المرض، وضد المصير والكارما، وضد كل الأفكار والعادات الشريرة ــ يصبح منتصراً في هذه المغامرة. الأمر يتطلب الحيطة والحذر، وبالإضافة إلى ذلك، اعتماد أساليب معينة يمكننا من خلالها التغلب على أعدائنا...

لقد منحنا الله أداة جبارة للحماية ــ أقوى من البنادق الآلية، أو الكهرباء، أو الغازات السامة، أو أي دواء ــ وتلك الأداة هي العقل. العقل هو ما ينبغي تقويته... إن جزءاً مهماً من مغامرة الحياة هو التحكم بالعقل، وإبقاء هذا العقل المنضبط متناغماً على الدوام مع الله. هذا هو سر العيش السعيد والناجح.. وذلك يأتي من خلال تمرين قوة العقل ومناغمته مع الله عن طريق التأمل... إن أسهل طريقة للتغلب على المرض وخيبات الأمل والكوارث هي أن تكون في توافق دائم مع الله.

العون الأسمى يأتي من التوافق مع الروح الإلهي

إننا أطفال في غابة الحياة، مجبرون على التعلّم من تجاربنا ومتاعبنا والتعثر في مطبات المرض والعادات الخاطئة.

مراراً وتكراراً سنضطر لأن نرفع أصواتنا طلباً للمساعدة.

لكن المساعدة من الأعلى تأتي من التوافق مع الروح الإلهي.

عندما تقع في مشكلة، صلِّ: "يا رب، أنت في داخلي ومن حولي. وأنا في قلعة حضورك. لقد عانيت طوال حياتي، محاطاً بأنواع عديدة من الأعداء القاتلين. والآن أدرك أنهم ليسوا في الحقيقة أدوات لتدميري. لقد وضعتني على الأرض لتختبر قوتي. إنني أمُرُّ في هذه الاختبارات فقط لأثبت نفسي. أنا أقوم بدوري لمكافحة الشرور التي تحيط بي. وسأتغلب عليها بفضل حضورك وقدرتك الكلية. وعندما أجتاز مغامرة هذه الحياة سأقول: 'يا رب، كان من الصعب أن أكون شجاعاً وأن أكافح؛ ولكن مع ازدياد مخاوفي ازدادت القوة الداخلية التي وهبتها لي، والتي بواسطتها حققت النصر وأدركت أنني مخلوق على صورتك. أنت ملك هذا الكون وأنا ابنك أمير الكون. فماذا أخشى؟'."

بمجرد أن تدرك بأنك وُلدتَ بشراً، سيكون لديك كل ما تخشاه. ويبدو أنه لا يوجد مفر. وبغض النظر عن الإجراءات الوقائية التي تتخذها، هناك دوماً خطأ في مكان ما. أمانك الوحيد هو في الله. سواء كنت في أدغال أفريقيا أو في حالة حرب أو تعاني من المرض والفقر، فقط قل للرب وآمن: "أنا في مركبة حضورك المصفحة، أتحرك وسط ساحة معركة الحياة. ولذلك أنا محروس ومحمي بك."

لقد سقط الكثير من الناس في حفر المرض والعادات الخاطئة ولم يُخرِجوا أنفسهم منها. لا تقل أبداً لا قدرة لك على النجاة. مصيبتك هي فقط إلى حين. إن معاناة الفشل في حياة واحدة ليست مقياساً لمعرفة إن كنت ناجحاً أم لا. موقف الإنسان

المنتصر يتميز بعدم الخوف وبالتأكيد:

"أنا ابن الله. ليس لديّ ما أخشاه."

لذلك لا تخف من أي شيء. الحياة والموت ليسا سوى عمليتين مختلفتين لوعيك.

أظهر خلود الروح المستتر في داخلك

كل ما خلقه الرب هو لامتحاننا من أجل إظهار خلود النفس المستتر في داخلنا. تلك هي مغامرة الحياة، وذلك هو الهدف الوحيد للحياة. ومغامرة كل واحد هي مغامرة مختلفة وفريدة من نوعها. يجب أن تكون مستعداً للتعامل مع كل المشاكل الصحية والعقلية والروحية بطرق منطقية وإيمان بالله، مدركاً بأن روحك تظل غير مقهورة في الحياة أو الموت. لا يمكنك أن تموت أبداً. "ما من سلاح يستطيع أن يخترق النفس. لا يمكن للنار أن تحرقها. ولا يمكن للماء أن يبللها؛ ولا لأي ريح أن تجففها... النفس ثابتة لا تتغير، تتخلل كل شيء، إنها هادئة وراسخة دائماً وأبداً"*
إنك صورة الروح الإلهي طوال الأبد.

ألا يتحرر العقل عندما يدرك بأن الموت لا يمكن أن يقضي علينا؟ عندما يأتي المرض ويتوقف الجسد عن العمل، تقول النفس: "أنا ميتة!" لكن الرب يهز النفس ويقول: "ما خطبكِ؟ أنت لست ميتة. ألا زلتِ تفكرين؟"

جندي يسير فتنفجر قنبلة وتمزق جسده. فتصرخ روحه:

* Bhagavad Gita II:23–24.

"آه، لقد قُتلت يا رب!" فيقول الله للجندي: "بالطبع لا! ألستَ تخاطبني؟ لا شيء يمكن أن يدمرك يا بني. أنت تحلم." عندها تدرك روحه وتقول: "هذا ليس بتلك الفظاعة. لقد كان وعيي بالحياة الأرضية المؤقتة ووجودي في جسد مادي هو الذي جعلني أفكر أن فقدان الجسد يبدو وكأنه نهايتي. لقد نسيت أنني الروح الأبدية."

الهدف من مغامرة حياتنا

اليوغيون الحقيقيون قادرون على التحكم في العقل تحت كل الظروف. عندما تصل إلى هذا الكمال تصبح حراً، وعندها تعلم أن الحياة هي مغامرة إلهية.

لقد أثبت السيد المسيح وأرواح عظيمة أخرى ذلك.

لن تُكمل مغامرة الحياة هذه إلا عندما تتغلب على مخاطرها بقوة إرادتك وقوة عقلك، كما فعل العظماء. عندها ستنظر إلى الماضي وتقول: "يا رب، لقد كانت تجربة سيئة للغاية. لقد أوشكتُ على الفشل، لكنني أشعر بأنني آمن للأبد في حضرتك."

يمكننا أن نرى الحياة كمغامرة رائعة عندما يقول الرب أخيراً: "لقد انتهت كل تلك التجارب المرعبة. أنا معكم إلى الأبد. ولا شيء يمكن أن يؤذيكم."

اجعل حياتك مغامرة إلهية

يعبث الإنسان بالحياة كالطفل، لكن عقله يزداد قوة من خلال محاربة المرض والمتاعب. أي شيء يضعف عقلك هو ألد أعدائك، وكل ما يقوي عقلك هو ملاذك. اضحك على أي مشكلة تأتي.... واعلم أنك أبديٌّ خالد في الله.

العيش بجرأة وبدون خوف

أفكار للنفس الجريئة

❧

عندما تمر بصعوبات الحياة واختباراتها، فإنك عادة ما تصبح متمرداً وتتساءل:
"لماذا ينبغي أن يحدث لي هذا؟" ولكن بدلاً من ذلك، يجب أن تفكر في كل تجربة على أنها مِعْول تحفر به في تربة وعيك وتستخرج ينبوع القوة الروحية الكامن في داخلك. يجب أن يُظهر كل اختبار القوة الخفية الموجودة بداخلك كابن لله، مخلوق على صورته.

ليس المقصود من اختباراتنا تدميرنا. وحدهم الجبناء، الذين لا يعترفون بصورة الله الكاملة في داخلهم، يصبحون متمردين ويستسلمون لتجاربهم كما لو كانت تلك الاختبارات قوىً مدمرة لا تُقهر.

إنك ابن لله. فما الذي تخشاه؟

لا تدع الخوف يسيطر على عقلك وإرادتك تحت أي ظرف من الظروف. عندما يظهر الخوف، حدّق مباشرة في وجهه: حاول إزالة السبب الخارجي واتخذ خطوات لتشجيع العقل على التغلب على هذا الخوف.

أفكار للنفس الجريئة

———•———

قم على الدوام بتنمية قوة الروح الخالدة، من خلال التأمل والاتصال بالله، واستخدام تلك القوة في التعامل مع جميع الصعوبات.

———•———

هناك دائماً طريقة للخروج من مشاكلك؛ وإذا صرفت الوقت الكافي للتفكير بوضوح، والتفكير في كيفية التخلص من سبب قلقك بدلاً من مجرد الشعور بالخوف حياله، تصبح سيداً.

———•———

لماذا لا تدير عجلة الحياة بدلاً من أن تدعها تدهسك؟

———•———

أكد دوماً "لا شيء يمكن أن يؤذيني. لا شيء يمكن أن يزعجني." أدرك أنك طيب مثل أفضل إنسان، وقوي مثل أقوى إنسان. يجب أن تمتلك المزيد من الثقة في نفسك.

———•———

الشخص الذي يمتلك إيماناً بالجوهر الإلهي لنفسه، ويدرك أن طبيعته الحقيقية هي إلهية، ويحب الله ويؤمن بقدرته المطلقة، يجد تحرراً سريعاً من المعاناة... لأن نور الإيمان يرشد وعيه من العالم المظلم، بما فيه من قيود بشرية، إلى مملكة الخلود.

الإيمان يعني المعرفة والاقتناع بأننا مخلوقون على صورة الله. عندما نكون متناغمين مع وعيه بداخلنا، يمكننا أن نخلق عوالم.

تذكر أن في إرادتك تكمن قوة الله الجبارة.

✣

ترياقات عملية مضادة للمخاوف والهموم

كثيرون من الناس يأتون إليّ للتحدث عن مخاوفهم. أحثهم على الجلوس بهدوء والتأمل والدعاء. وبعد الشعور بالهدوء الداخلي، التفكير في الطرق البديلة التي يمكن من خلالها حل المشكلة أو التخلص منها.

عندما يهدأ العقل في الله، وعندما يكون الإيمان قوياً بالله، يجدون حلاً لمشكلتهم. إن مجرد تجاهل المشكلات لن يحلها، لكن القلق بشأنها لن يحلها أيضاً.

تأمل حتى تهدأ؛ ثم ضع عقلك على مشكلتك وصلِّ بعمق من أجل العون الإلهي. ركّز على المشكلة وستجد الحل دون اختبار ضغوط القلق الرهيبة.

تذكر أن أعظم من مليون تفكير للعقل هو الجلوس والتأمل في الله حتى تشعر بالهدوء في داخلك.

ثم قل لله: "لا أستطيع أن أحل مشكلتي وحدي، حتى لو فكرت ملايين الأفكار المختلفة؛ ولكن يمكنني حلّها بوضعها بين يديك، وطلب إرشادك أولاً، ثم متابعة التفكير في الزوايا المختلفة للتوصل إلى حل ممكن."

العيش بجرأة وبدون خوف

الله يساعد الذين يساعدون أنفسهم. عندما يكون عقلك هادئاً وممتلئاً بالإيمان بعد الصلاة إلى الله في التأمل، ستتمكن من اكتشاف إجابات متنوعة لمشاكلك. وكون عقلك هادئاً، تقدر على انتقاء الحل الأفضل. اعتمد ذلك الحل وسوف تكلل جهودك بالنجاح. وهذا هو التطبيق العملي لعلم الدين في حياتك اليومية.

———

الخوف ينمّي مغناطيسية خبيثة تجذب لنا الأشياء التي نخافها، تماماً مثلما يجذب المغناطيس قطعة من الحديد، مما يزيد من تعاستنا. فالخوف يكثّف ويضخّم آلامنا الجسدية وآلامنا العقلية مائة ضعف، وهو مدمّر للقلب والجهاز العصبي والدماغ.

إنه يشل المبادرة العقلية، والشجاعة، والحكم الصائب، والفطرة السليمة، وقوة الإرادة، والشعور بوجوب تجنب الخطر. والخوف يلوث الخيال القوي والشعور المرهف، ومن خلالهما قد يؤثر على العقل الباطن إلى درجة أنه يقهر تماماً الجهود الحماسية للعقل الواعي. يلقي الخوف حجاباً على الحدس، ويغطي القوة الجبارة لثقتك الطبيعية التي تنبع بديهياً من الروح المنتصرة...

عندما تكون مهدداً باحتمال حدوث إصابة، لا تعطّل بالخوف العقلي ماكينة وعيك الداخلية المنتجة لكل ما تحتاجه. بدلاً من ذلك، استخدم خوفك كحافز لاستخدام تلك الماكينة الداخلية لإنتاج بعض الأجهزة العقلية التي ستزيل على الفور سبب الخوف. هذه الأدوات العقلية للتخلص من الخوف هي كثيرة جداً بحيث يمكن تصنيعها باستخدام ماكينة الوعي وفقاً لاحتياجات الفرد الخاصة

والاستثنائية.

لذلك عندما يهددك خطر أو أي تجربة مؤلمة، لا تجلس مكتوف اليدين. افعل شيئاً ما بهدوء، وافعل شيئاً ما بسرعة. المهم هو أن تفعل شيئاً ما، مستجمعاً كل قوة إرادتك وتقديرك للموقف. قوة الإرادة هي الطاقة البخارية أو القوة الدافعة التي تعمل على تشغيل ماكينة النشاط.

اقتلاع الخوف من الداخل بالتركيز على الشجاعة

يُزرع الخوف من الفشل أو المرض من خلال تقليب أفكار الفشل في العقل الواعي حتى تتجذر في الوعي الباطن وأخيراً في الوعي السامي. ثم يبدأ الخوف المتجذر في الوعي السامي واللاوعي في النمو وملء العقل الواعي بنباتات الخوف التي ليس من السهل إبادتها بنفس سهولة القضاء على الفكرة الأصلية. وهذه النباتات تحمل في النهاية ثماراً سامة وقاتلة.

إذا كنت غير قادر على التخلص من الخوف من اعتلال الصحة أو الفشل باستخدام الإرادة الواعية، فاستمر في تحويل انتباهك بعيداً عن تلك الأفكار عن طريق قراءة الكتب المثيرة للاهتمام التي تستحوذ على انتباهك؛ أو حتى الانهماك في تسليات غير ضارة. عندها سوف ينسى العقل التفكير المتواصل بالخوف. بعد ذلك، دع عقلك يستخدم مجارف الأجهزة العقلية المختلفة لاستئصال جذور الفشل واعتلال الصحة من تربة حياتك اليومية. اقتلع تلك الجذور من الداخل بالتركيز القوي على الشجاعة، وبتحويل وعيك إلى سلام الله المطلق في داخلك. عندما تكون

قادراً نفسياً على اقتلاع خاصية الخوف السلبية، احصر انتباهك في استخدام الطرق الإيجابية للحصول على الصحة والبحبوحة.

مقتطفات من محاضرة بعنوان "تخليص الراديو العقلي من تشويش الخوف *Eliminating the Static of Fear From the Mind Radio*"، ألقيت في معبد ،Self-Realization Fellowship، في إنسينيتاس، كاليفورنيا. تظهر المحاضرة كاملة في كتاب Man's Eternal Quest (المجلد الأول من مجموعة محاضرات ومقالات برمهنسا يوغانندا).

إزالة تشويش الخوف من العقل

في كثير من الأحيان، عندما تحاول التقاط محطة إذاعية، يقوم التشويش بتعكير البرنامج الذي تحاول الاستماع إليه. وبالمثل، عندما تحاول إنجاز بعض التحولات الشخصية في داخلك، قد يعيق "التشويش" تقدمك. هذا التشويش هو عاداتك السيئة.

الخوف هو شكل آخر من أشكال التشويش الذي يؤثر على راديو عقلك. وكما في العادات الجيدة والسيئة، يمكن أن يكون الخوف إما بنّاءً أو مدمراً. على سبيل المثال، عندما تقول الزوجة: "سوف يستاء زوجي إذا خرجت هذا المساء، ولذلك لن أخرج"، تكون مدفوعة بالخوف الودي، وهو أمر بنّاء. الخوف الودي والخوف الخانع أمران مختلفان.

إنني أتحدث عن الخوف الودي، الذي يجعل الإنسان يحذر من التسبب بالأذى لأي شخص دون داعٍ. الخوف الخانع يشل الإرادة. يجب على أفراد العائلة أن يشعروا فقط بالخوف الودي، وألا يخافوا أبداً من قول الحقيقة لبعضهم البعض. إن القيام بالأعمال المدفوعة بحس الواجب أو التضحية برغباتك محبة

بشخص آخر أفضل بكثير من القيام بذلك بدافع الخوف. وعندما تمتنع عن مخالفة القوانين الإلهية، فيجب أن يكون ذلك من منطلق محبة الله، وليس خوفاً من العقاب.

لا يمكن للخوف أن يدخل قلباً هادئاً

الخوف يأتي من القلب. إذا شعرت بالخوف من مرضٍ ما أو حادث ما، فيجب أن تتنفس شهيقاً وزفيراً عدة مرات، بعمق وببطء وبشكل إيقاعي، والاسترخاء مع كل زفير. هذا يساعد على عودة الدورة الدموية إلى عملها الطبيعي. إذا كان قلبك هادئاً حقاً، فلن تشعر بالخوف على الإطلاق.

تستيقظ المخاوف في القلب من خلال الوعي بالألم. وبالتالي فإن الخوف يعتمد على بعض التجارب السابقة — فقد تكون سقطت ذات مرة وكسرت ساقك، وبذلك أصبحت تتوجس من تكرار تلك التجربة.

عندما تراودك تلك الهواجس، تصاب إرادتك بالشلل، وكذلك أعصابك، وقد تقع بالفعل مرة أخرى وتكسر ساقك. علاوة على ذلك، عندما يصاب قلبك بالشلل بسبب الخوف، تنخفض حيويتك وتتاح الفرصة لجراثيم المرض لغزو جسمك.

كن حذراً ولا تكن خائفاً

بالكاد يوجد أي شخص لا يخشى المرض. لقد أُعطي الخوف للإنسان كوسيلة تحذيرية لتجنيبه الألم، وليس المقصود تنميته وإساءة استخدامه. فالإفراط في الخوف لا يؤدي إلّا إلى شل جهودنا لدرء الصعوبات.

الخوف الحذِر هو أمر حكيم، كما هو الحال عندما تكون على معرفة بمبادئ النظام الغذائي الصحيح وتفكر: "لن آكل تلك الكعكة، لأنها ليست صحية بالنسبة لي." لكن الخوف غير المعقول هو أحد أسباب المرض. إنه الجرثومة الحقيقية لكل الأمراض. الخوف من المرض يعجّل بالمرض.

فمن خلال التفكير في المرض تجلبه لنفسك. إذا كنت تخاف باستمرار من الإصابة بالزكام، فسوف تكون أكثر عرضة للإصابة به، بغض النظر عما تفعله للوقاية منه.

لا تشلّ إرادتك وأعصابك بالخوف. عندما يستمر القلق على الرغم من إرادتك، فإنك تساعد في خلق التجربة ذاتها التي تخشى من حدوثها.

كما أنه من غير الحكمة الاختلاط الزائد وغير الضروري مع الأشخاص الذين يتحدثون باستمرار عن أمراضهم وعاهاتهم وعن أمراض وعاهات الآخرين، لأن الخوض في موضوع كهذا قد يزرع بذور الخوف في عقلك. الذين يشعرون بالقلق من أنهم سيتعرضون لمرض السل، والسرطان، ومشاكل القلب، يجب أن يتخلصوا من هذا

الخوف، خشية أن يؤدي إلى حالة غير مرغوب فيها. المرضى والعجزة يحتاجون بالفعل إلى بيئة مُرضية ومبهجة قدر الإمكان، بين أشخاص يتمتعون بطبائع قوية وإيجابية، لتشجيعهم على الأفكار والمشاعر الإيجابية.

الفكر يتوفر على قوة كبيرة. فالذين يعملون في المستشفيات نادراً ما يصابون بالمرض، ذلك بسبب موقفهم الذي يَنِمُّ عن الثقة. ويستمدون النشاط والحيوية من طاقتهم وأفكارهم القوية.

لهذا السبب، ومع تقدمك في السن، من الأفضل عدم إخبار الآخرين عن عمرك. إذ بمجرد أن تفعل ذلك، فإنهم يرون هذا العمر في شخصك ويقرنونه بتناقص الصحة والحيوية. إن فكرة التقدم في السن تثير القلق، وبالتالي تسلبك نشاطك وتسبب لك الوهن. لذلك احتفظ بعمرك سراً. قل لله: "أنا خالد. لقد أنعمتَ عليَّ بالصحة الجيدة، وإنني ممتن لك."

ومن أجل ذلك كن حذراً، ولا تكن خائفاً. اتخذ إجراءات تحوطية واتبع بين الحين والآخر نظاماً غذائياً لتطهير الجسم حتى يتم التخلص من أي حالة مَرضية قد تكون موجودة داخل الجسم. ابذل قصارى جهدك لإزالة أسباب المرض ثم لا تخف على الإطلاق. هناك الكثير من الجراثيم في كل مكان، لدرجة أنك إذا بدأت تخاف منها فلن تتمكن إطلاقاً من الاستمتاع بالحياة. حتى مع كل الاحتياطات الصحية التي تتخذها، إذا تمكنت من النظر إلى منزلك عبر المجهر فسوف تفقد كل رغبة في تناول الطعام.

أساليب للتخلص من الخوف

مهما كان الشيء الذي تخشاه، ابعد عقلك عنه واتركه لله. امتلك إيماناً بالله. إن قدراً كبيراً من المعاناة هو ببساطة ناجم عن القلق. لماذا تعاني الآن في حين أن المرض لم يأت بعد؟ وبما أن معظم أمراضنا تأتي من الخوف، فإن تخليت عن الخوف ستتحرر مباشرة. وسيكون الشفاء فورياً.

كل ليلة قبل أن تنام أكد: "الآب السماوي معي. أنا محمي." حوّط نفسك عقلياً بالروح الإلهي وطاقته الكونية وفكر: "أي جرثومة تهاجمني سوف تتعرض للصعق." ردد "أوم" أو "الله" ثلاث مرات.* هذا سوف يقيك وسوف تشعر بحمايته الرائعة.

كن شجاعاً. هذه هي الطريقة الوحيدة لتتمتع بصحة جيدة. إذا تواصلت مع الله فسوف تتدفق حقيقته إليك. وستعرف أنك الروح التي لا تفنى. كلما شعرتَ بالخوف، ضع يدك على قلبك، فوق الجلد. افرك من اليسار إلى اليمين وقل: "يا أبتاه، أنا حر. أبعِد هذا الخوف عن راديو قلبي." مثلما تقوم بالتخلص من التشويش في الراديو العادي، هكذا إن قمت بفرك القلب باستمرار من اليسار إلى اليمين، وركّزت باستمرار على فكرة أنك تريد التخلص من

* في أسفار الهند المقدسة، الكلمة أوم هي أساس كل الأصوات، وترمز إلى المظهر الإلهي أو الاهتزاز الكوني الذي يخلق ويسند كل الأشياء. أوم الفيدات أصبحت الكلمة المقدسة (هوم) عند التبتيين و(آمين) عند المسلمين والمصريين والإغريق والرومانيين واليهود والمسيحيين.

الخوف الذي في قلبك، فسوف يتلاشى الخوف وستشعر بالفرح الإلهي.

"آمين" بالعبرية تعني "أكيد، أمين". أوم هو الصوت المنبثق من الروح القدس والمنتشر في كل مكان (اهتزاز كوني غير مرئي؛ الله في مظهره الخلاق)؛ وهو "الكلمة" في الكتاب المقدس؛ صوت الخليقة الذي يشهد للحضور الإلهي في كل ذرة. يعلّم برمهنسا يوغانندا في دروس Self-Realization Fellowship Lessons، أساليب التأمل التي تمنح ممارستها اختباراً مباشراً لله في مظهر أوم أو الروح القدس. وذلك التواصل السعيد مع القوة الإلهية غير المنظورة ("المعزي، الروح القدس" — يوحنا ١٤: ٢٦) هو الأساس العلمي الحقيقي للصلاة.

ينتهي الخوف بالاتصال بالله

الخوف يلازمك باستمرار. وانقطاع الخوف يأتي بالاتصال بالله ولا شيء سواه. لماذا الانتظار؟ يمكنك التواصل معه من خلال اليوغا.

عندما بدأت هذا الطريق، كانت حياتي في البداية فوضوية؛ ولكن مع استمراري في المحاولة، بدأت الأمور تتضح لي بطريقة رائعة. وكل ما حدث أظهر لي أن الله موجود، وأنه يمكن معرفته في هذه الحياة. عندما تجد الله، سيتعزز يقينك وتصبح عديم الخوف! بعدها لا شيء آخر يهم على الإطلاق، ولا شيء البتة يمكن أن يخيفك. وعلى هذا النحو حث كريشنا أرجونا على

إزالة تشويش الخوف من العقل

مواجهة معركة الحياة بلا خوف وتحقيق النصر الروحي: "لا تستسلم لنقص الرجولة لأن ذلك لا يليق بك. فيا حارق الأعداء [الباطنيين]، دعك من ضعف القلب الهزيل وانهض!"*

* Bhagavad Gita II:3.

العقل الجريء والجسم السليم:
إعادة سرد لحكاية تقليدية

❈

بينما كان أحد القديسين يتأمل في وقت متأخر من الليل، رأى شبح مرض الجدري المخيف يدخل القرية التي يعيش فيها.

فصاح به "توقف أيها الشبح!" "أخرج من هنا ولا تسبب الأذى لمدينة أعبد فيها الله".

أجاب الشبح: "سآخذ ثلاثة أشخاص فقط، بحسب ما يقتضيه واجبي الكارمي الكوني." عند هذا أومأ القديس برأسه بحزن معلناً الموافقة. وفي اليوم التالي توفي ثلاثة أشخاص بمرض الجدري. لكن في اليوم الذي يليه مات عدد آخر، وكل يوم بعد ذلك كان المرض المخيف يصيب المزيد من القرويين. وإذ اعتقد القديس أنه تعرّض لخدعة كبيرة، تأمل بعمق واستحضر الشبح. ولما جاء وبّخه القديس قائلاً:

"لقد خدعتني أيها الشبح ولم تقل الحقيقة عندما أخبرتني بأنك ستأخذ ثلاثة أشخاص فقط مصابين بالجدري الذي سببته لهم.

لكن الشبح أجاب: "قسماً بالروح الأعظم، لقد كنتُ صادقاً معك".

لكن القديس ألحَّ: "لقد وعدت بأخذ ثلاثة أشخاص فقط، وقد

العقل الجريء والجسم السليم: إعادة سرد لحكاية تقليدية

مات العشرات بسبب المرض".

فقال الشبح: "لقد أخذت ثلاثة لا غير. أما الباقون فقد قتلوا أنفسهم بالخوف".

يجب عليك تحرير عقلك من وعي المرض — ومن فكرة المرض. أنت الروح غير المعرّض للخطر. لكن الجسد الآن يتحكم بالعقل. بينما يجب أن يتحكم العقل بالجسد...

ما الذي يخيفك؟ أنت كائن خالد. أنت لست رجلاً ولا امرأة، كما قد تظن، بل أنت روح سعيد وأبدي.

فلأقهر الخوف (صلاة)

أيا أسد الشجاعة الإلهي! علّمني أن أقهر الخوف من خلال فهمي لطبيعته العقيمة. ساعدني كي لا تنتابني الهواجس المنذرة بالشر حتى لا أشلّ قدرتي غير المحدودة — بصفتي ابنك — على مواجهة أيٍ من اختبارات الحياة بنجاح.

حرّرني من الفزع الذي يوهن العزيمة، ودعني لا أتخيل الحوادث والمصائب والنكبات حتى لا أدعوها بقوة التفكير بها كي تتخذ مظهراً خارجياً.

الهمني كي أحصر ثقتي بك لا بتدابير الوقاية البشرية فقط. يمكنني العبور بأمان حيث الرصاص المتطاير و الجراثيم الفتاكة ما دمت أدرك أنك معي على الدوام.

دعني لا أرتعد أبداً من فكرة الوفاة، وساعدني كي أتذكر أن ملاك الموت سيأتي مرة واحدة لا غير، وأنني برحمته لن أعرف بقدومه ولن يراودني القلق عندما يحين موعد رحيلي.

دعني أدرك أيها الروح اللانهائي أنه سواء كنتُ يقظاً أو نائماً، متنبّهاً أو غارقاً في أحلام اليقظة، حياً أو محتضراً، يظل حضورك الكلي الحماية يطوقني ويحميني.

— من همسات من الأبدية

تحرير الوعي من الهموم

القلق هو حالة من الوعي النفسي والجسدي حيث تجد نفسك عالقاً في مشاعر العجز والخوف من بعض المشاكل التي لا تعرف كيف تتخلص منها.

قد تكون قلقاً للغاية بشأن طفلك، أو صحتك، أو تسديد القرض العقاري. وإذ يتعذر عليك العثور على حل فوري، تبدأ بالقلق حيال الوضع الذي أنت فيه. وما الذي ستحصل عليه نتيجة للقلق؟ تحصل على الصداع والعصبية ومشاكل القلب. ولأنك لا تحلل نفسك ومشاكلك بصراحة ووضوح، لا تعرف كيف تتحكم في مشاعرك أو الظرف الذي يواجهك.

بدلاً من إضاعة الوقت في القلق، فكر بإيجابية في كيفية إزالة سبب المشكلة. إذا كنت تريد التخلص من مشكلة ما، قم بتحليل الصعوبة التي تواجهها بهدوء، وحدد إيجابيات وسلبيات المسألة نقطة بنقطة؛ ثم حدد أفضل الخطوات لتحقيق هدفك.

مقتطفات من محاضرة ألقيت في معبد Self-Realization Fellowship، في إنسينيتاس، كاليفورنيا. تظهر المحاضرة الكاملة في *The Divine Romance* (المجلد الثاني من مجموعة محاضرات ومقالات برمهنسا يوغانندا).

واجه الصعوبات المالية بشجاعة وبالتفكير الخلّاق

عندما لا تمتلك المال، تشعر بأنك متروك ووحيد، ويبدو أن العالم بأسره يعود للوراء. لكن القلق لن يقدم حلاً. تحرّك واتخذ هذا القرار: "سأهزّ العالم للحصول على نصيبي. ولكي يبقيني العالم هادئاً، يجب عليه أن يلبي حاجتي." كل شخص قام ببعض الأعمال، حتى ولو كان ما قام به اقتلاع الأعشاب الضارة، قد فعل شيئاً مفيداً وجديراً بالاهتمام على الأرض. فلماذا لا يحصل كل فرد على نصيبه العادل من خيرات الأرض؟ لا ضرورة لأن يتعرض أي واحد للجوع أو الحرمان.

سوف يختفي المعيار النقدي الحالي، فتذكروا ما أقوله. المال يخلق الرغبة في السلطة، وفي كثير من الأحيان يجعل مالكه متحجر القلب تجاه معاناة الآخرين. لا بأس من تكديس الثروة إذا كان الشخص الثري لديه أيضاً الرغبة في مساعدة الآخرين وتلبية احتياجاتهم. المال نعمة في أيدي الإيثاريين الغيريين، لكنه نقمة في أيدي الأنانيين. كنت أعرف رجلاً في فيلادلفيا تبلغ ثروته عشرة ملايين دولار، لكن ذلك لم يمنحه السعادة أبداً؛ ولم تجلب له ثروته إلا التعاسة. ولم يكن ليشتري حتى فنجان قهوة بعشرة سنتات لأي شخص آخر. لقد أُعطي الذهب لنا كي نستخدمه، لكن لا تعود ملكيته إلا للروح الإلهي. لكل ابن من أبناء الله الحق في استخدام ذهب الله. يجب ألا تعترف بالفشل أو تتنازل عن حقك.

لقد جعلك الله ابنه. وجعلت من نفسك متسولاً. إن كنت قد

تحرير الوعي من الهموم

أقنعت نفسك بأنك إنسان عاجز، وإن سمحت لأي شخص آخر بإقناعك بأنك لا تستطيع الحصول على عمل، فهذا يعني أنك قد حكمت على نفسك بأنك محبط ولا أمل يرتجى منك.

لا يوجد حكم من الله أو القدر بأن تبقى فقيراً أو عرضة للهموم والقلق، بل أنت الذي تصدر الحكم على نفسك.

إذا استخدمت إرادتك المظفرة، الممنوحة لك من الله، وأقنعت نفسك ـ حتى ضد كل آراء المجتمع السلبية ـ بأنك لن تُترك لتعاني من الصعوبات، فستشعر بقوة إلهية تحل عليك وسترى أن مغناطيسية تلك القناعة وهذه القوة تفتح أمامك طرقاً جديدة.

لا تحزن على وضعك الحالي، ولا تقلق. إذا رفضت القلق، وإذا بذلت الجهد الصحيح، فسوف تظل هادئاً وستجد بالتأكيد طريقة للوصول إلى هدفك.

تذكّر أنه في كل مرة تقلق فيها، فإنك تستخدم فرامل ذهنية؛ وفي كفاحك ضد تلك المقاومة، فإنك تسلط ضغطاً على قلبك وعقلك. لن تحاول قيادة سيارتك بينما تكون ضاغطاً على دواسة الفرامل، لأنك تعلم أن ذلك سيلحق ضرراً بالغاً بمكوناتها. القلق هو بمثابة الفرامل القابضة على عجلات جهودك، مما يوصلك إلى طريق مسدود.

لا شيء مستحيل، إلا إذا كنت تعتقد أنه كذلك. يمكن أن يقنعك القلق بأنه من المستحيل أن تفعل ما تريد القيام به.

القلق يتسبب بهدر الوقت واستنزاف الطاقة. استخدم عقلك بدلاً من ذلك وحاول بذل بعض الجهد الإيجابي. من الأفضل أن تكون شخصاً مادياً مجتهداً وتنجز شيئاً ما، بدلاً من أن تكون

كسولاً؛ فالشخص الكسول منبوذ من قبل الإنسان والله. هناك أشخاص مغامرون ممن جمعوا الكثير من الثروات، لكن لا تجعل المال معيارك للنجاح. في كثير من الأحيان، ليس المال هو ما يجلب الرضا، بل القدرة الإبداعية التي يتم توظيفها لكسبه.

الضمير المرتاح:
أساس العيش بلا خوف

ليس من الحكمة محاولة الهروب من همومك، فحيثما ذهبت تذهب همومك معك. يجب أن تتعلم مواجهة مشاكلك بلا خوف وبضمير مرتاح، كما فعلت أنا. الآن لم يعد هناك ما أصلّي من أجله سواء لنفسي أو لجسدي، لأنني حصلت على الضمان الأبدي من الله، وهذا يكفيني.

التضرع بالنسبة لي سيكون بمثابة عدم يقين. إن ضميري حر لأنني لم أرتكب أي خطأ تجاه أي إنسان. وأعرف أن هذه هي الحقيقة. أن تكون قادراً على أن تقول لنفسك: "أنا لم أظلم أحداً" هو أن تكون أسعد إنسان على وجه الأرض...

كن صديقاً للجميع. حتى لو تعرض حبك وثقتك لخيانة البعض، لا تقلق. كن نفسك دائماً؛ وكن ما انت عليه. هذه هي الطريقة الصادقة الوحيدة للعيش. ومع أن الجميع قد لا يريدون أن يكونوا أصدقاء لك، يجب أن تكون صديق الجميع، دون أن تتوقع أي شيء في المقابل. إنني أتفهم وأحب الجميع، لكنني لا أتوقع أبداً من أي شخص أن يكون صديقي وأن يفهمني. وبقوة هذا المبدأ، أنا في سلام مع نفسي ومع العالم، ولا أشعر أبداً بأي

تحرير الوعي من الهموم

سبب للقلق.

كنز الصداقة هو أغنى ما تملكه، لأنه يذهب معك إلى ما بعد هذه الحياة. كل الأصدقاء الحقيقيين الذين صادقتهم سوف تجتمع معهم مرة أخرى في بيت الآب، لأن الحب الحقيقي لا يُفقد أبداً.

ومن ناحية أخرى، فإن الكراهية لا تُفقد أبداً. مهما كان ما تكرهه، فإنك تنجذب إليه أيضاً مراراً وتكراراً حتى تتغلب على هذه الكراهية الشديدة.

يجب أن لا تكره حتى أعداءك. ما من أحد كله سيء. إذا سمعت شخصاً يعزف على بيانو تصدر عن أحد مفاتيحه نغمة نشاز، فإنك تميل إلى الحكم على البيانو بأكمله بأنه سيء. لكن العيب يكمن في مفتاح واحد فقط. قم بإصلاح ذلك المفتاح، وستجد أن البيانو جيد تماماً. الله يعيش داخل جميع أبنائه. إن كُرهك لأي إنسان هو إنكار لوجود الله في ذاتك وفي الآخرين. هذه الأرض هي مختبر الله. إننا نصهر أنفسنا في نار التجارب البشرية حتى يظهر من جديد خلودنا الإلهي المدفون تحت شوائب ونفايات وعينا. أحبب الجميع، احتفظ برشدك، ولا تقلق.

أعط مشاكلك لله. عندما تقلق، تعمل لنفسك مأتماً، وتقوم بكل الترتيبات بنفسك. لا تريد أن تُدفن حياً بسبب مخاوفك!

لماذا تعاني وتموت كل يوم من القلق؟ بغض النظر عما تمر به ـ الفقر، الحزن، اعتلال الصحة ـ تذكّر أن شخصاً ما على هذه الأرض يعاني أكثر مما تعانيه بمئة مرة. لا تعتبر نفسك سيئ الحظ، لأنك بهذا تهزم نفسك، وتحجب نور الله القدير الذي يسعى دائماً لمساعدتك...

تيتيكشا:
فن التحمل العقلي

لا يمكن لأي إحساس أو عذاب عقلي أن يؤثر عليك إذا انفصل العقل عنه ورسخ في سلام الله وفرحه.

في اللغة السنسكريتية يُطلق على القدرة على التحمّل مع الاحتفاظ بالاتزان العقلي "تيتيكشا". لقد مارستُ هذا الحياد العقلي. إذ جلستُ وتأملتُ طوال الليل في مياه جليدية في طقس شديد البرودة. وبالمثل، جلست من الصباح حتى المساء على الرمال الحارة في الهند. ولقد اكتسبت قوة عقلية كبيرة من خلال القيام بذلك. عندما تمارس مثل هذا الانضباط الذاتي، يصبح عقلك قادراً على تحمّل جميع الظروف المزعجة.

إذا كنت تعتقد أنك لا تستطيع أن تفعل شيئاً ما، يكون عقلك عبداً. حرر نفسك.

لا أقصد أنه يجب أن تكون متهوراً. حاول أن تترفع عن الاضطرابات تدريجياً. التحمل هو ما يجب أن تمتلكه. مهما كانت مشكلتك، ابذل جهداً كبيراً لعلاجها دون قلق؛ ودرّب نفسك على التحمّل العقلي "تيتيكشا" إلى أن يتم إيجاد حل لها. أليست هذه حكمة عملية؟ إذا كنت شاباً وقوياً، يمكنك تقوية إرادتك وعقلك تدريجياً من خلال ممارسة أساليب تهذيب ذاتي أكثر صرامة كما فعلتُ أنا.

وإن كنت تعتقد أن طقس الشتاء قادم، وأنك لا بد ستصاب بالزكام، فأنت لا تطور قوتك العقلية. لقد أقنعت نفسك بالفعل

تحرير الوعي من الهموم

بأن لديك نقاط ضعف معينة. عندما تشعر أنك عرضة للإصابة بالزكام، قاوم عقلياً وقل: "فليبتعد عني الزكام! إنني أتبع إجراءات وقائية منطقية، لكنني لن أسمح للقلق بشأنه أن يجلب لي المرض عن طريق إضعاف عقلي." هذا هو الموقف العقلي الصحيح. في داخلك، ابذل قصارى جهدك بصدق وفي كل الأوقات، ولكن دون قلق.

القلق لا يؤدي إلا إلى شل جهودك. إذا بذلت قصارى جهدك، سيمد الله يده لمساعدتك...

وتذكر أن العقل لا يمكن أن يعاني من أي ألم إلا إذا تقبّل الإيعاز بوجود الألم. ولا يمكن للعقل أن يعاني من الفقر أو أي شيء آخر إلا إذا تقبل الظروف غير السارة. لقد عومل السيد المسيح بقسوة – وكانت حياته مليئة بالمشاكل والعقبات وعدم اليقين – ومع ذلك لم يكن لديه أي مخاوف. وتذكّر أنك أيضاً ابن الله. قد يتخلى عنك الجميع، لكن الله لا يمكن أن يتخلى عنك لأنه يحبك. لا تقلق أبدًا، لأن الله خلقك على صورته التي لا تقهر.

واعلم أن الحضور اللامتناهي للآب السماوي موجود في داخلك على الدوام. قل له: "في الحياة والموت، في الصحة والمرض، لن أقلق يا رب، لأنني ابنك إلى الأبد."

العيش بجرأة وبدون خوف

الأسد الذي أصبح نعجة:
إعادة سرد لقصة تقليدية من الهند

٭

ذات مرة كانت هناك لبؤة ضخمة حامل وتتضور جوعاً.

مع مرور الأيام وزيادة وزن الشبل بداخلها، واجهت صعوبة في التحرك بحثاً عن الفرائس. وحتى عندما نجحت اللبؤة في مطاردة بعض الحيوانات، لم تكن سريعة بما يكفي للانقضاض عليها، ففشلت في كل مرة في التقاط فريستها.

كانت اللبؤة المثقلة بالشبل تزأر حزناً وتتلوى جوعاً وتتجول في الغابة، وأخيراً نامت في ظل شجرة متاخمة لمرعىً. وأثناء نومها حلمت أنها رأت قطيعاً من الأغنام يرعى. وفي محاولتها الانقضاض على إحدى الأغنام التي رأتها في الحلم، ارتعشت واستيقظت لترى في الواقع قطيعاً كبيراً من الأغنام يرعى في مكان قريب.

غمرتها الفرحة، ونسيت الشبل الذي كانت تحمله بداخلها، وبدافع من جنون الجوع المفرط، انقضّت اللبؤة على خروف صغير واختفت في أعماق الغابة. ولم تدرك اللبؤة أنها عندما بذلت مجهوداً كبيراً ووثبت بقوة للانقضاض على الخروف أنجبت شبلها.

أصيبت الأغنام بالشلل من الخوف بسبب الهجوم، لكن

عندما غادرت اللبؤة وتلاشى الذعر، استيقظت من ذهولها ولاحظت فقدان الخروف. وبينما كان أفراد القطيع يثغون منتحبين بلغة الأغنام، أصيبوا بدهشة كبيرة عندما لاحظوا وجود الشبل الصغير العاجز يشكو ويتأوه في وسطهم، فأشفقت إحدى النعاج عليه وتبنته على أنه ابنها.

مرت عدة سنوات، والشبل اليتيم، الذي أصبح الآن أسداً مكتمل النمو وله عرف وذيل طويل، يتجول مع القطيع ويتصرف تماماً كما لو كان خروفاً.

كان يثغو بدلاً من الزئير، ويأكل العشب بدلًا من اللحم. وقد أتقن هذا الأسد النباتي الصارم ضعف ووداعة الحملان.

وحدث أن أسداً آخر خرج في أحد الأيام من الغابة المجاورة التي كانت تطل على المرعى الأخضر، وابتهج إذ رأى قطيعاً من الأغنام. شعر الأسد القوي الجائع بفرح كبير وطارد قطيع الأغنام الهارب. ولدهشته الشديدة، رأى أسد الغنم الضخم، وذيله عالياً في الهواء، يهرب أيضاً بأقصى سرعة أمام الأغنام.

توقف الأسد المطارِد للحظة، وهو يحرك ذيله في دهشة، ويفكر في نفسه: "أستطيع أن أفهم أن الأغنام تهرب مني وتبتعد عني، لكن لا أستطيع أن أتخيّل لماذا يهرب الأسد القوي أيضاً. هذا الأسد الهارب يثير اهتمامي." وإذ أصرّ على الوصول إلى الأسد الهارب، ضاعف قوّته وانقض على الأسد - الخروف الهارب الذي أغمي عليه من شدة الخوف.

ازدادت حيرة الأسد الثاني أكثر من أي وقت آخر. فصفع الأسد-الخروف المغمى عليه، وانتهره بصوت أجش: "استيقظ!

ماذا دهاك؟ لماذا تهرب بعيداً عني يا أخي الأسد؟

فأغمض الأسد-الخروف عينيه وراح يثغو بلغة الخراف: "أرجوك دعني أذهب. لا تقتلني! أنا مجرد خروف من القطيع الذي هرب وتركني."

فقال آسره: "حسناً، الآن أعرف سبب ثغائك". فكّر للحظة، ثم أمسك عرف الأسد بفكيه القويين، وجرّه إلى بحيرة عند تخوم المرعى. وعندما وصلا إلى شاطئ البحيرة، دفع رأس الأسد المخدوع فوق الماء حتى انعكس فيه، وبدأ يهزه بعنف، لأن الأسد-الخروف كان لا يزال مغمضاً عينيه بإحكام. ثم قال له: "ما خطبك؟ افتح عينيك وشاهد بنفسك أنك لست خروفاً".

لكن الأسد المخدوع راح يثغو ويمأمئ ويصيح: "من فضلك لا تقتلني. دعني أذهب! فأنا لست أسداً، بل مجرد خروف وديع مسكين."

هنا غضب الأسد الآخر وهزّ أسيره هزة عنيفة. مما جعل الأسد-الخروف يفتح عينيه تحت تأثير الهزة ويتفاجأ إذ رأى في الماء انعكاساً، ليس لرأس خروف كما توقع، بل لرأس أسد، مثل رأس الأسد الذي كان يهزه بمخلبه. فقال الأسد الكبير بلغة الأسود: "انظر إلى وجهي ووجهك المنعكسين في الماء. إنهما متشابهان، وصوتي يزأر ولا يثغو. ويجب أن تزأر بدلاً من الثغاء." اقتنع الأسد-الخروف وحاول الزئير، لكنه لم ينجح في البداية إلا في إصدار زئير يخالطه الثغاء.

ولكن تحت صفعات صديقه الجديد وحثّه، نجح أخيراً في الزئير بفعالية. ثم قفز كلا الأسدين وانطلقا معاً عبر المراعي

والسهول...
توضح القصة السابقة على نحو مناسب كيف أن معظمنا، على الرغم من أننا مخلوقون على صورة أسد الكون الإلهي الجبار، نتذكر فقط أننا وُلدنا وترعرعنا في حظيرة الضعف البشري، فنثغو خوفاً من الوحوش المفترسة المتمثلة في المرض والحاجة والحزن والموت، بدلاً من أن نزأر زئير الخلود والقوة ونفترس الوهم القتّال والجهل المميت.

أسد الذات الذي لا يُقهر

أنا شبلُ الأسد الإلهي، إلا أني لسببٍ ما وجدتُ نفسي محصوراً مع قطعان الضعف والمحدوديات. ولأنني عشتُ طويلاً بين الأغنام، تملّكني الخوف ورحتُ أثغو يوماً بعد يوم، ناسياً زئيري المخيف الذي يقضي على كل الأعداء المتمثلين في الحزن والابتئاس.

أيا أسد الذات الذي لا يُقهر! لقد سحبتني إلى بئر التأمل قائلاً: "إنكَ أسدٌ وليس نعجة! هيا افتح عينيك وازأر!"

وبعد هزّاتك القوية من التحفيز الروحي، حدّقتُ في غدير السلام الصافي، ولدهشتي رأيتُ وجهيَ مشابهاً لوجهكَ!

الآن أصبحتُ أعرف بأنني أسدٌ مؤيدٌ بقوىً كونية. وإذ هجرتُ المأمأة والثغاء، فقد صرتُ أرجّ غابة الأخطاء بِدويِّ صوتك الجبار. وبحريّةٍ مقدّسة أنطلقُ و أثِبُ وسط أدغال الأوهام الأرضية، مفترساً حيوانات الخجل والخوف الصغيرة المُزعجة وضباع الكفر والإلحاد الوحشية.

أيا أسد التحرير، اطلق من خلالي على الدوام زئير قوّتك الكلية القهّارة!

— من همسات من الأبدية

الطريق إلى التخلص بصورة دائمة من الخوف:
اختبر خلودك من خلال التأمل

☙

هل شعرت يوماً أنك مضطرب ومشوش جداً بسبب الظروف، وبأنك منزعج، ومحطَّم، ومغلوب على أمرك، وتفتقر إلى القوة؟ أبعِد مثل هذه الأفكار عنك! لديك قوة لا تستخدمها. لديك كل القوة التي تحتاجها. لا يوجد شيء أعظم من قوة العقل.

من الأهمية بمكان أن تقوم بتحليل السبب من وراء تصرفك بالطريقة التي تتصرف بها. بعض الناس مملوؤون بالخوف لأنهم جعلوا الخوف عادة مزمنة. إنهم يغذّون الخوف كل يوم. ونتيجة لذلك فإن أيامهم بائسة بسبب الهم والقلق. فما هو التعليل المنطقي لذلك؟ كلنا سنموت يوماً ما.

الموت يحدث مرة واحدة فقط، وعندما يحدث ينتهي أمره. إذاً لماذا الخوف منه؟ ولماذا الموت كل يوم من الخوف؟ عندما تعرف كيف تفكر بوضوح، تكتشف أن الكثير من مواقفك وأفعالك اليومية تنطوي على جهل وحماقة؛ وأن التعاسة التي تخلقها تلك

المواقف غير ضرورية على الإطلاق.

صحيح أن ذات الإنسان لا تتجسد إلا مرة واحدة بنفس الشخصية وبنفس الجسد. ولكن على الرغم من أن الذات أو الأنا تهجر كياناتها الفردية التي تقمصّتها في تجسداتها المتعاقبة، إلا أنها تحمل، داخل حجرات اللاوعي، متع وأهوال التجارب التي مرت بها في كل حيواتها الماضية. كل إنسان يشعر في داخله بالعديد من المخاوف المتوارية والمتجذرة في تجارب مظلمة لحياة منسية منذ زمن بعيد.

إن الذين يمضون حياتهم على هذه الأرض في تفاعل عاطفي مع صور أحلام الحياة التي لا نهاية لها، يستمرون في مشاهدة صور لأحلام مضطربة من موت وتجسدات جديدة... وبنشوة السمادهي الروحية التي يمكن بلوغها بالتأمل العميق، يتمكن الشخص من القضاء على أشباح المخاوف التي لا يمكن تفسيرها.

ابتعث عقلك من العادات غير الهامة التي تبقيك دنيوياً طوال الوقت. ابتسم تلك الابتسامة الدائمة – ابتسامة الله.

ابتسم تلك الابتسامة القوية – ابتسامة الاندفاع المتزن - الابتسامة الغنية التي لا يمكن لأحد أن يسلبها منك... وعش كل ثانية في دراية واعية بعلاقتك مع اللانهائي.

الطريق إلى التخلص بصورة دائمة من الخوف

―・―

إن الإدراك بأن كل قدرة على التفكير والتحدث والشعور والتصرف تأتي من الله، وأنه معنا، يلهمنا ويرشدنا على الدوام، يمنحنا تحرراً فورياً من العصبية. ومع هذا الإدراك ستأتينا ومضات من الفرح الإلهي. أحياناً يغمر كيان المرء نور عظيم يبدد مفهوم الخوف والقلق. كالمحيط، هكذا تجتاح قوة الله القلب وتتدفق عبره في طوفان مطهّر، وتزيل كل عوائق الشك المضلل، والعصبية، والخوف.

يتم التغلب على أوهام المادة، وعلى الوعي بكون الإنسان مجرد جسد فانٍ، من خلال ملامسة طمأنينة وصفاء الروح الإلهي العذب. وهذا يمكن تحقيقه عن طريق التأمل اليومي. عندها تدرك أن الجسد هو عبارة عن فقاعة صغيرة من الطاقة في بحر الله الكوني.

―・―

لقد خلقنا الله ملائكة من الطاقة، مغلّفين في مواد صلبة ― ومزودين بتيار الحياة الذي يسطع في مصباح الجسد المادي ― لكننا نركّز الآن على ضعف وهشاشة المصباح، ونسينا كيف نشعر بخصائص الطاقة الخالدة وغير القابلة للتدمير الموجودة داخل الجسد الذي هو عرضة للتغيير.

العيش بجرأة وبدون خوف

إنك فقط تحلم بأن لك جسداً من اللحم. نفسك الحقيقية هي نور ووعي.

أنت لست الجسد المادي. إن رؤية الجسد تخدع وعينا المادي. إذا قمت بتنمية الوعي السامي – الدراية بذاتك الحقيقية التي هي الروح – فسوف تدرك أن الجسد هو مجرد مظهر خارجي لتلك النفس غير المرئية الموجودة في داخلك. عندئذٍ يمكنك فعل أي شيء بالجسد. لكن لا تحاول المشي على الماء!

يجب استخدام المجهود الديني لتحويل وعينا من الإيمان بجسدٍ قابل للفناء إلى المعرفة بأن الجسد "الصلب" يتكون من طاقة خالدة لا تفنى، "مجمدة" في شكل بشري. وهذا الشكل مدعوم بطاقة الله الكونية الذكية في داخلنا ومن حولنا...

لا يمكن للطاقة النقية أن تتأذى بسبب حوادث السيارات، أو الروماتيزم، أو التهاب الزائدة الدودية، أو السرطان، أو السل؛ ولا يمكن طعنها بالسيوف، أو إطلاق النار عليها، أو حرقها بالنار. نحن بحاجة إلى دين عملي ليعلّمنا كيف ندرك أنفسنا كأرواح مغلّفة بأجساد ذات طاقة أبدية مضيئة.

الطريق إلى التخلص بصورة دائمة من الخوف

حوّل ضوء انتباهك الكشاف إلى الداخل، بعيداً عن الإنسان المرئي المحدود. يعاني الجسم المادي من آلام الظهر وآلام المعدة. ويعاني من التدهور والتلف في سن الشيخوخة. إنه المخلوق المحدود الأكثر سوءاً! فهو دائم البكاء والأنين والصراخ للحصول على شيء ما. لا يستطيع الإنسان المرئي أن يتحمل سقوطاً شديداً، وأحياناً ينكمش لمجرد وخزة دبوس. الإنسان غير المرئي لا يتأذى من أي شيء. انه حر. يمكنه أن يتخلص من كل مشاكل الجسد المادي. الإنسان غير المنظور في داخلك هو جوهرك الحقيقي. "الروح التي تتخلل كل الأشياء هي غير قابلة للفناء. ولا شيء يقدر على تدمير هذه الروح التي لا تخضع للتغيير."*

تظن أنك الجسد، لكنك لست كذلك. يمكن إذابة قطعة من الجليد وتحويلها إلى سائل ثم جعلها تختفي عن طريق التبخر.

ويمكن عكس العملية، من خلال تكثيف البخار إلى سائل وتجميد السائل إلى شكل صلب على هيئة جليد مرة أخرى. لم يتعلم الإنسان العادي بعد إجراء عمليات تحويل مماثلة لذراته الجسدية، لكن المسيح أظهر أنه يمكن القيام بذلك...

إننا نقترب من تلك المرحلة التطورية التي سندرك خلالها بشكل متزايد أننا كائنات أو أرواح غير مرئية حقاً. إن العيش فقط في وعي هذا الجسد المرئي هو تخلّف روحي، لأن الجسد عرضة

* Bhagavad Gita II:17.

للمعاناة من المرض، والإصابة، والفقر، والجوع، والموت. يجب ألّا نرغب بالتفكير في أننا هذا الجسد المرئي والضعيف والقابل للتدمير. الإنسان غير المرئي الذي في داخلنا لا يمكن أن يتأذى أو يُقتل. ألا يتعين علينا أن نبذل مجهوداً أكبر للتعرّف على طبيعتنا الخالدة التي نجهلها؟ ومن خلال زيادة معرفتنا بهذه الذات غير المرئية، سنكون قادرين على التحكم في الإنسان المرئي، كما يفعل السادة العظماء. حتى عندما يكون الإنسان المرئي في محنة، فإن من يدرك قواه الإلهية باعتباره الإنسان الداخلي غير المرئي، يمكنه أن يظل منفصلًا عن المعاناة الجسدية.

كيف ستحصل على مثل هذه السيطرة؟ أولاً يجب أن تتعلم كيف تعيش في صمت أكثر؛ ويجب أن تتعلم التأمل. قد يبدو الأمر غير ممتع وغير مثير للاهتمام في البداية. لقد طال اتصالك الوثيق بهذا الجسد المرئي لدرجة أنك تجد صعوبة في التفكير في أي شيء باستثناء مشاكله ورغباته ومطالبه المستمرة. ولكن ابذل الجهد. أبقِ عينيك مغلقتين، وردد مراراً وتكراراً: "أنا مخلوق على صورة الله. لا يمكن تدمير حياتي بأي وسيلة. أنا الإنسان غير المرئي الخالد."

وهذا الإنسان غير المرئي قد خُلق على صورة الله، حراً كما أن الروح هو حر.

في الإنسان المرئي تكمن كل مشاكل العالم وقيوده. عندما نكون على دراية بأجسادنا، نصبح مرتبطين بقيود ومحدوديات الجسد. ومن هنا يعلّمنا المعلمون العظماء أن نغمض أعيننا ونذكّر أنفسنا، من خلال التأمل في الذات غير المرئية والتفكير بأننا لسنا

مقيدين بما يمكن أن تفعله أجسادنا المادية...

في التأمل، تحدّق في الظلام خلف عينيك المغمضتين وتركّز انتباهك على الروح التي هي الذات غير المرئية في داخلك. إن تعلّم كيفية التحكم في أفكارك وتوجيه عقلك إلى الداخل، عن طريق ممارسة طرق التأمل العلمية التي يلقنها المعلم، ستساعد على تقدمك الروحي على نحو تدريجي وعلى تعميق تأملاتك بحيث تصبح ذاتك غير المنظورة، التي هي صورة الله الروحية في داخلك، حقيقية بالنسبة لك. في هذه الصحوة السعيدة لمعرفة الذات، يصبح الوعي الجسدي المحدود الذي كان حقيقياً غير حقيقي، وتعلم أنك قد وجدت ذاتك الحقيقية التي لا تقهر ولمستَ وحدتها مع الله.

ابذل أقصى جهد للوصول إلى الله. أنا أحدثك عن حقيقة عملية قابلة للتطبيق، وأقدّم لك فلسفة من شأنها أن تحرر وعيك من الشعور بالأذى. لا تخف من أي شيء..

تأمّل بعمق وإخلاص، وذات يوم سوف تستيقظ في نشوة روحية مع الله وترى كم من الحماقة أن يظن الناس أنهم يعانون. أنت وأنا وهُم جميعنا أرواحٌ نقية.

أيها المجير الرباني الكلي الحضور!

عندما تمطر غيوم الحروب نيراناً وغازاتٍ سامة، كن

ملاذي وملجأي الواقي من القنابل.

في الحياة والموت، في المرض والمجاعة، وفي الوباء أو الفاقة والحرمان، دعني أعتصم بك على الدوام. وساعدني كي أدرك أنني روحٌ أبديّ، لا تمسني تقلّبات الطفولة والشباب والشيخوخة واضطرابات العالم الخطيرة.

— من همسات من الأبدية

العثور على طمأنينة النفس والشعور بأن الله معك

الكلمة السنسكريتية "فيسفاس *visvas*" تعني الإيمان وتعبّر أروع تعبير عن الإيمان.

الترجمة الحرفية الشائعة لهذه الكلمة هي "أن تتنفس الصعداء؛ أن تمتلك الثقة؛ وأن تتحرر من الخوف." لكن هذه العبارات لا تنقل المعنى الكامل. تشير الكلمة السنسكريتية "سفاس *svas*" إلى حركات التنفس، مما يعني الحياة والشعور. أما الحرفان "في آي *vi*" فيعنيان "عكس؛ بدون." أي من كان نَفَسَهُ وحياته ومشاعره هادئة، يمكنه أن يمتلك الإيمان النابع من الحدس؛ والذي لا يمكن أن يمتلكه الأشخاص الذين يعانون من الاضطراب العاطفي. إن تنمية الإحساس الباطني بالهدوء تتطلب تفتح الحياة الداخلية. عندما يتم تطوير الحدس بما فيه الكفاية، فإنه يجلب الفهم الفوري للحقيقة. يمكنك الحصول على هذا الإدراك الرائع. والتأمل هو الطريق.

مقتطفات من *Journey to Self-realization* (المجلد الثالث من مجموعة محاضرات ومقالات برمهنسا يوغانندا)

العيش بجرأة وبدون خوف

تأمّل بصبر ومثابرة. وفي الهدوء المتنامي، سوف تدخل عالم الحدس الروحي. الذين بلغوا الاستنارة على مر العصور هم أولئك الذين لجأوا إلى هذا العالم الداخلي للتواصل مع الله. قال السيد المسيح: "متى صليت فادخل إلى مخدعك وأغلق بابك وصلِّ إلى أبيك الذي في الخفاء؛ فأبوك الذي يرى في الخفاء يجازيك علانية."* اذهب إلى داخل ذاتك، وأغلق باب الحواس وانشغالها بالعالم المضطرب، وسيُظهر لك الله كل عجائبه.

إذا عشت مدركاً أنك ابنه وأنه أبوك، وقررت بتصميم أكيد أن تبذل قصارى جهدك، فبالرغم من العقبات التي تعترضك، وحتى إذا ارتكبت أخطاء، ستكون قوّته حاضرة لمساعدتك.

إنني أحيا وفقاً لهذا القانون...

في سان فرانسيسكو [في عام ١٩٢٥]، لم يكن معي سوى ٢٠٠ دولار في البنك وكنت على وشك الشروع بجولة محاضرات. المبلغ الذي كان بحوزتي لم يكن كافياً حتى للبدء في الجولة؛ وكان لا بد من تسديد العديد من الفواتير الكبيرة. فقلت: "إن الله معي. لقد وضع هذا الواجب على عاتقي وسوف يعتني بي. إنني أؤدي عمله وأعلم أنه سيساعدني."

لو تخلى العالم كله عنك، ومع ذلك تشعر بأن الله معك، فإن قانونه سيصنع العجائب من أجلك.

* متى ٦: ٦.

العثور على طمأنينة النفس والشعور بأن الله معك

عندما جاء إليّ سكرتيرتي وأخبرته عن المبلغ الذي لدينا في البنك، انهار وسقط بالفعل على الأرض. قلت له: "قم." فقال وهو يرتجف: "سنذهب إلى السجن بسبب عدم دفع فواتيرنا!"

فقلت: "لن نذهب إلى السجن، وفي غضون سبعة أيام سيكون لدينا كل المال الذي نحتاجه للجولة".

كانت تتنازعه الشكوك، وكنت أمتلك الإيمان. لم أكن بحاجة إلى المال لتحقيق أي مكاسب شخصية، بل لنشر عمل الله. ولم أشعر بالخوف بالرغم من ضخامة مصاعبي المالية.

الخوف يخاف مني. فمِمَ أخاف؟ لا شيء ينبغي أن يخيفك. واجه كل المشاكل بالإيمان بالله وسوف تنتصر.

تقول البهاغافاد غيتا: "بقلب مستغرق بي، وبنعمتي، ستتغلب على كل العوائق."*

وإليك ما حدث! بينما كنت أسير أمام فندق بالاس أتت إلي امرأة مسنة وقالت: "هل يمكنني التحدث معك؟" تبادلنا بعض الكلمات ثم فجأة قالت: "عندي مبالغ كبيرة من المال". فهل يمكنني مساعدتك؟"

أجبتها: "لست بحاجة إلى أموالك. ولماذا تعرضين عليّ المال وأنتِ لا تعرفينني؟"

فأجابت: "لكنني أعرفك، وقد سمعت الكثير عنك." وعلى الفور قامت بتحرير شيك بمبلغ ٢٧ ألف دولار. فرأيت في ذلك يد الله...

* XVIII:58

العيش بجرأة وبدون خوف

أنا أحيا بالإيمان بالله. فالله هو قوّتي. ولا أؤمن بأي قوة أخرى. عندما أركز على تلك القوة، فإنها تعمل من خلالي... قوة الله تعمل معك أيضاً. وسوف تتأكد من ذلك إذا كان لديك إيمان وتعلم أن البحبوحة لا تأتي من مصادر مادية بل من الله.

الله لا يطلب منك أن لا تفكر في نفسك، ولا يطلب منك عدم استخدام مبادرتك الذاتية. عليك أن تقوم بدورك. النقطة الأساسية هي أنك إذا فصلت نفسك عن المصدر الإلهي بالأفعال والرغبات الخاطئة، وإن لم تؤمن بالله ولا تتوافق معه، فلن تتمكن من الحصول على عونه الكلي القدرة. ولكن إذا استرشدت بالتناغم مع الله، فإنه سيساعدك على فعل الصواب، وتجنُّب الأخطاء.

الطريقة للبدء بذلك هي التأمل العميق والمنتظم في الصباح والمساء. كلما تأملت أكثر، كلما أدركت أن هناك شيئاً عظيماً خلف مملكة الوعي العادي حيث يسود سلام عظيم وسعادة عارمة.

درّب نفسك على الشعور بهذا السلام وبهذه السعادة، فهما أول دليل على التواصل مع الله. وهما الدراية الواعية بالحقيقة داخل نفسك. هذا ما تحتاج إليه.

وهذه هي الطريقة التي نعبد بها الحق؛ لأننا لا نستطيع أن نعبد إلا ما نعرفه. معظم الناس يعبدون الله كشيء غير ملموس. ولكن عندما تبدأ في عبادته كحقيقة ملموسة، من خلال إدراكك الباطني له، ستشعر بشكل متزايد بقوته الموجودة في حياتك. مهما كانت الأشياء الأخرى التي تقوم بها، لا شيء يمكن أن ينتج ذلك الاتصال بالله الذي يأتي من التأمل العميق. إن المجهود

الحثيث لزيادة السلام والسعادة الداخلية اللذين يمنحهما التأمل هو الطريقة الوحيدة لمعرفة الله.

والوقت الأنسب للدعاء وطلب الهداية من الله هو بعد أن تكون قد تأملت وشعرت بذلك السلام الداخلي والفرح؛ حيث تكون عندئذٍ قد قمت بالاتصال الإلهي. إذا كنت تعتقد أن لديك حاجة ما، فيمكنك بعد ذلك أن تضعها أمام الله وتسأله ما إذا كان الدعاء مشروعاً. إذا شعرت في داخلك أن حاجتك عادلة، صلِّ:

"يا رب، أنت تعلم أن هذه هي حاجتي. سأفكر، سأكون مبدعاً وسأفعل كل ما هو ضروري. وكل ما أطلبه منك هو أن توجّه إرادتي وقدراتي الإبداعية إلى الأشياء الصحيحة التي يجب أن أفعلها."

كن معقولاً مع الله. فقد يكون عنده ما هو خير لك مما تطلبه. تلك حقيقة، إذ أنه في بعض الأحيان تكون صلواتك ورغباتك الأكثر إلحاحاً هي ألد أعدائك. تحدث مع الله بصدق وكن منطقياً، ودعه يقرر ما هو مناسب لك. إذا كنت متقبّلاً، فإنه سيوجّهك، وسيعمل معك. حتى لو ارتكبت أخطاءً، لا تخف. تحلَّ بالإيمان. واعلم أن الله معك. استرشد في كل الأمور بهذه القوة. فهي لا تنضب ولا تكلّ. هذه الحقيقة تنطبق على كل واحد منكم.

عدم الخوف يعني الإيمان بالله

عدم الخوف هو الصخرة المنيعة التي يجب أن يُبنى عليها بيت الحياة الروحية. عدم الخوف يعني الإيمان بالله: الإيمان بحمايته، وعدله، وحكمته، ورحمته، ومحبته، ووجوده الكلي.

الخوف يحرم الإنسان من قوة روحه التي لا تُقهر. والخوف يعيق أعمال الطبيعة التوافقية المنبثقة من مصدر القوة الإلهية في الداخل، ويسبب اضطرابات جسدية وعقلية وروحية. يمكن للخوف الشديد أن يوقف القلب ويؤدي إلى الموت المفاجئ. المخاوف المستمرة لفترة طويلة تؤدي إلى ظهور عُقد نفسية وعصبية مزمنة.

فالخوف يربط العقل والقلب (الشعور) بالإنسان الخارجي، مما يؤدي إلى تماهي الوعي مع العصبية العقلية أو الجسدية، وبالتالي إلى إبقاء النفس مركّزة على الأنا والجسد وعلى الأشياء التي تثير الخوف.

يجب على المريد أن يتخلص من كل الشكوك، مدركاً أنها حجر عثرة يعيق تركيزه على سلام الروح غير القابل للتشويش...

قد يكون الموت هو التحدي الأكبر لإيمان الإنسان. لكن من الحماقة الخوف من هذا المصير الحتمي المؤكد. هذا المصير لا

عدم الخوف يعني الإيمان بالله

يأتي إلّا مرة واحدة في العمر؛ وبعد أن يأتي ينتهي الاختبار دون أن يؤثر على هويتنا الحقيقية أو يقلل بأي شكل من الأشكال من شأن كياننا الحقيقي.

والمرض أيضاً هو تحدٍ للإيمان. وعلى الشخص المريض أن يحاول جاهداً تخليص نفسه من مرضه. بعد ذلك، حتى لو أعلن الأطباء أنه لا يوجد أمل، يجب عليه أن يحتفظ بهدوئه، لأن الخوف يغمض عيون إيمانه ويحول دون رؤيته للحضرة الإلهية القديرة والرحيمة. وبدلاً من الانغماس في القلق عليه أن يؤكد: "يا رب إنني آمن مطمئن على الدوام في حصن رعايتك المفعمة بالمحبة." عندما يصاب المريد الشجاع بمرض عضال لا شفاء منه، يحصر تفكيره بالله ويستعد للتحرر من السجن الجسدي والانطلاق إلى الحياة الآخرة المجيدة في العالم الكوكبي.

وبذلك يقترب من هدف التحرر الأسمى في حياته القادمة. إن الشخص الذي يموت رعباً ويستسلم لليأس بدلاً من الاحتفاظ بإيمانه بالله وتذكّره لطبيعته الخالدة، يحمل معه في تجسده التالي ذلك النمط الكئيب من الخوف والضعف؛ مما يرجّح جذب كوارث مماثلة لنفسه — استمراراً لدرس كارمي لم يتعلمه بعد. لكن المريد صاحب الموقف البطولي، على الرغم من أنه قد يخسر المعركة مع الموت، إلا أنه ينتصر في معركة الحرية. يجب على جميع الناس أن يدركوا أن وعي الروح يمكنه الانتصار على كل كارثة خارجية.

عندما تغزو مخاوف اللاوعي العقل بشكل متكرر، على الرغم من المقاومة العقلية القوية التي يقوم بها الشخص، فإن ذلك

مؤشر على وجود نمط كارمي عميق الجذور. ويجب على المريد أن يبذل قصارى جهده لتحويل انتباهه بعيداً عن تلك المخاوف من خلال تشريب عقله الواعي بأفكار الشجاعة. علاوة على ذلك، والأهم من كل شيء، عليه أن يسلّم نفسه كلياً إلى يد الله الأمينة والجديرة بالثقة.

لكي يكون الإنسان مؤهلاً لمعرفة الذات، يجب أن يكون شجاعاً لا يعرف الخوف.

الإيمان الأسمى:
التسليم لله دون خوف

الحياة، بجوهرها وهدفها، هي لغز صعب ولكنها ليست خارج نطاق المعرفة. إننا بتفكيرنا التقدمي نحلّ كل يوم بعضاً من أسرارها... ولكن رغم كل أجهزتنا واستراتيجياتنا واختراعاتنا، يبدو أننا لا نزال ألعوبة في يد القدر، وأمامنا طريق طويل قبل أن نتحرر من هيمنة الطبيعة.

إن العيش دائماً تحت رحمة الطبيعة بالتأكيد ليس حرية. عندما نصبح ضحايا للفيضانات، أو الأعاصير، أو الزلازل؛ أو عندما يختطف المرض أو الحوادث أحباءنا من بيننا دون معنىً أو سبب، ينتاب عقولنا المفعمة بالحماس شعور بالإحباط وقلة الحيلة.

عندها ندرك أننا في الحقيقة لم نحرز قدراً كبيراً من الانتصار. فعلى الرغم من كل جهودنا المبذولة لجعل الحياة كما نريدها، ستظل هناك دائماً ظروف معينة نواجهها على هذا

الكوكب – ظروف غير محدودة يوجهها ذكاء غير معلوم، يعمل خارج مبادرتنا – مما يحول دون تحكّمنا وسيطرتنا... ومع كل ما لدينا من قناعة وتيقن، لا يزال يتعين علينا أن نتعامل مع وجود يكتنفه الغموض وعدم اليقين.

ومن هنا تأتي ضرورة الاعتماد بلا خوف على ذاتنا الحقيقية الخالدة وعلى الإله الأسمى الذي خُلقت النفس على صورته – وامتلاك إيمان بالعمل دون أنانية، والمثابرة بسرور، وبتحررٍ من القلق والقيود.

درّب نفسك على التسليم المطلق والجريء لتلك القوة العليا. لا يهم إن قررتَ اليوم بأنك حر وشجاع، ثم أُصبتَ غداً بالأنفلونزا وأصبحت مريضاً بائساً. لا تضعف! واطلب من وعيك أن يظل راسخاً في إيمانه.

لا يمكن أن تتلوث النفس بالمرض. تأتي أمراض الجسم إليك من خلال قانون العادات الضارة بالصحة التي خلقتها بنفسك واستقرت في عقلك الباطن. مثل هذه المظاهر الكارمية لا تدحض فعالية الإيمان وقوته الديناميكية.

تمسّك بدفة الإيمان، ولا تُبالِ بضربات الظروف المشؤومة وغير المتوقعة. كن أقوى من المصائب، وأكثر جرأة من مخاطرك. كلما زاد تأثير هذا الإيمان الديناميكي الجديد عليك، كلما تلاشى استعبادك للضعف طبقاً لمبدأ التناسب.

لا يمكن لكرية دم أن تتحرك، ولا لنسمة هواء أن تدخل أنفك بدون مشيئة الله. ولذلك فإن التسليم المطلق لله هو معيار الإيمان. هذا التسليم ليس كسلاً، أو توقعاً بأن يفعل الله كل شيء من أجلك،

إذ من الضروري أيضاً أن تبذل قصارى جهدك لتحقيق النتيجة المرجوة. بل هو بالأحرى تسليم بدافع المحبة لله والتبجيل لسموه وعظمته الفائقة.

إن كنت قد أيقظت فيكم حتى أصغر شرارة من الحب الذي أشعر به تجاه أبي السماوي أكون قد أتممت عملي وأنجزت مهمتي. [في شبابي] لقد استغرقني الأمر وقتاً طويلاً للتعرف عليه؛ وبدا أنني لن أتمكن أبداً من النجاح في هذه الحياة، لأن ذهني كان مشوشاً للغاية. ولكن كلما حاول العقل خداعي للتخلي عن التأمل، كنت أخدع العقل وأقول له: "سوف أجلس هنا، بغض النظر عن الضوضاء أو المشتتات الفكرية. لا أهتم إن كنت سأموت أثناء المحاولة، إلا أنني سأستمر حتى النهاية." ومع مثابرتي على هذه النهج، كانت تأتيني بين الحين والآخر لمحة من الروح الإلهي، كومضةٍ قريبة للغاية لكنها بعيدة جداً، تظهر ثم تتوارى بعيداً وتختفي. إلا أنني بقيت عاقد العزم. لقد انتظرت طويلاً! انتظرت بإصرار لا نهائي في السكون غير المنظور. وكلما كان تركيزي يزداد عمقاً، كان حضوره المُطَمْئن يزداد وضوحاً وقوة. والآن هو معي دائماً.

طوباك يا من تسمع الرسالة الإلهية، رسالة الروح، الرسالة التي تكشف سر الكون. أي مخاوف تراودك؟ أطرد كل المخاوف وابعدها عنك! لن يبقى هناك ما تخشاه بعد أن تلمس قوة الروح الإلهي العظيمة، التي تتحكم بقوى الخلق نفسها وبكل مكونات آلية

هذا الكون. وهل هناك من أملٍ يُرجى أو أمانٍ يُطلب أعظم من الاتصال بالكائن اللانهائي الذي هو جوهر كل ما هو موجود؟...

فهو مرفأ الأمان الوحيد من عواصف هذا العالم. "احتمِ به بكل ما تشعر به في قلبك من توق ولهفة. وبنعمته ستحقق أقصى درجات السلام وتنعم بالحماية في الملجأ الأبدي."* لقد وجدتُ في الله فرحة حياتي، وبركة وجودي التي لا توصف، والإدراك الرائع لحضوره في كل مكان في أعماقي. وأريدكم جميعا أن تحصلوا على الذي حصلت عليه.

* Bhagavad Gita XVIII:62.

الخاتمة:
قف صامداً وسط ارتطام "العوالم المتصادمة"

مع مرور الوقت، يجب أن تدرك في نهاية المطاف أنك جزء من الكائن الأعظم.

اجعل معرفة الله غايتك. قال مهافاتار باباجي إنه حتى القليل من هذه الدهارما – العمل الصالح، السعي لمعرفة الله سوف ينقذك من مخاوف رهيبة.*

إن توقّع الموت، أو الفشل، أو غيرهما من المشاكل الخطيرة، يوقظ في الإنسان خوفاً عظيماً. عندما تعجز عن مساعدة نفسك، وعندما لا تستطيع عائلتك أن تفعل أي شيء لك، وعندما لا يقدر أي شخص آخر على مساعدتك، فكيف ستكون عندئذٍ حالتك النفسية؟ لماذا تسمح لنفسك أن توضع في مثل هذا الموقف؟

* إعادة صياغة لفقرة من البهاغافاد غيتا Bhagavad Gita, II:40 مهافاتار باباجي، الأول في سلالة المعلمين المستنيرين والعارفين بالله، وآخرهم برمهنسا يوغانندا، غالباً ما اقتبس هذه الآية في إشارة إلى الكريا يوغا.

الخاتمة: قف صامداً وسط ارتطام «العوالم المتصادمة»

تعرّف على الله، واقطر نفسك به.
قبل أن يكون أحد معك، من كان معك؟ الله. وعندما تغادر هذه الأرض من سيكون معك؟ الله فقط. لكنك لن تكون قادراً على معرفته حينها إلا إذا قمت بتكوين روابط ودية معه الآن. إن بحثت بعمق عن الله، ستجده.

لقد حان الوقت كي تعرف وتفهم هدف الدين: كيفية الاتصال بهذا الفرح الأسمى الذي هو الله المُعزي الأعظم والمواسي الأبدي. إذا تمكنت من العثور على ذلك الفرح، وإذا تمكنت من الاحتفاظ به طوال الوقت، بغض النظر عما يحدث في حياتك، فسوف تقف صامداً وسط ارتطام العوالم المتصادمة.

لا تخف من أي شيء. حتى عندما تتقاذفك موجة في عاصفة، تبقى مع ذلك على صدر المحيط.
حافظ دوماً على الإحساس بالحضور الإلهي في داخلك. واحتفظ بتوازنك العقلي وقل: "أنا شجاع لا أخاف؛ أنا مُصاغ من جوهر الله. أنا شرارة من نار الروح الإلهي. أنا ذرة من اللهب الكوني. أنا خلية من جسد الآب الكوني الفسيح. "أنا وأبي واحد."

نبذة عن المؤلف

"إن المثل الأعلى لمحبة الله وخدمة الإنسانية وجد تعبيراً كاملاً في حياة برمهنسا يوغانندا... ومع أنه صرف القسم الأكبر من حياته خارج الهند، لا زال يحتفظ بمكانه بين عظماء قديسينا. فعمله يستمر بالنمو ويزداد تألقاً، ويجتذب الناس من كل مكان للانضمام إلى مسيرة الروح."

- من شهادة لحكومة الهند عند إصدارها طابعاً بريدياً تذكارياً تكريماً لبرمهنسا يوغانندا بمناسبة الذكرى السنوية الخامسة والعشرين لرحيله.

وُلد برمهنسا يوغانندا في ٥ يناير/كانون الثاني ١٨٩٣ في الهند وكرّس حياته لمساعدة الناس من كل الأجناس والمعتقدات لمعرفة ما تحويه نفس الإنسان من جمال وسمو وقداسة حقيقية وإظهار ذلك على نحو أكمل في حياتهم.

بعد تخرجه من جامعة كلكتا في عام ١٩١٥، اتخذ نذوراً رسمية كراهب في سلك السوامي المبجل في الهند. وبعد ذلك بسنتين بدأ عمل حياته بتأسيس مدرسة "فن الحياة المتوازنة" – والتي تطورت منذ ذلك الحين إلى واحد وعشرين معهداً تربوياً في جميع أنحاء الهند – حيث يتم تقديم المواد الأكاديمية التقليدية جنباً إلى جنب مع تدريب اليوغا وتلقين المثل والمبادئ الروحية. في عام ١٩٢٠ تلقى دعوة ليمثّل الهند في مؤتمر عالمي للمتدينين الأحرار في بوسطن بالولايات المتحدة. وقد لاقت كلمته الافتتاحية ومحاضراته اللاحقة في الساحل الشرقي

استقبالاً مفعماً بالحماس. وفي عام ١٩٢٤ بدأ جولة محاضرات عبر القارة.

وعلى مدى الثلاثة عقود التالية ساهم برمهنسا يوغانندا بطرق بعيدة الأثر في تقدير الغرب ودرايته المتزايدة لحكمة الشرق الروحية. ففي لوس أنجلوس، أسس المقر العالمي لـ Self-Realization Fellowship – وهي جماعة دينية لاطائفية أسسها في عام ١٩٢٠. ومن خلال كتاباته وجولات محاضراته المكثفة، واستحداث العديد من المعابد ومراكز التأمل التابعة إلى Self-Realization Fellowship، فقد جعل علم وفلسفة اليوغا وأساليبها التأملية القابلة للتطبيق عالمياً في متناول آلاف الباحثين عن الحقيقة.

اليوم، يتواصل العمل الروحي والإنساني الذي بدأه برمهنسا يوغانندا بإشراف وتوجيه الأخ تشيدانندا رئيس Self-Realization Fellowship / Yogoda Satsanga Society of India. وبالإضافة لنشر كتاباته ومحاضراته وأحاديثه غير الرسمية (بما في ذلك سلسلة من الدروس الشاملة للدراسة المنزلية)، تشرف الجماعة أيضاً على المعابد والخلوات والمراكز حول العالم، فضلاً عن نظام معرفة الذات الرهباني ودائرة الصلاة العالمية.

في مقال عن حياة وعمل شري يوغانندا، كتب أستاذ اللغات القديمة في كلية سكريبس الدكتور كوينسي هاو الابن ما يلي: "لم يقتصر ما جلبه برمهنسا يوغانندا للغرب على وعد الهند الراسخ بمعرفة الله، بل جلب أيضاً أسلوباً عملياً يمكن من خلاله للطامحين الروحيين من كل مناحي الحياة أن يتقدموا بسرعة

نحو ذلك الهدف. إن تراث الهند الذي لاقى في الأصل تقديراً في الغرب على أكثر المستويات سمواً وتجريداً، أصبح الآن متاحاً كممارسة وتجربة لكل من يطمح للتعرف على الله، ليس في العالم الآخر، بل هنا والآن... إذ وضع يوغانندا في متناول الجميع أعظم طرق التأمل وأسماها."

إن حياة وتعاليم برمهنسا يوغانندا موصوفة في كتابه مذكرات يوغي *Autobiography of a Yogi*، وفي أكتوبر/تشرين الأول ٢٠١٤ تم إصدار فيلم استيقظ: حياة يوغانندا *Awake: The Life of Yogananda* وهو فيلم وثائقي حائز على جوائز يتناول حياة وعمل برمهنسا يوغانندا.

موارد إضافية بخصوص
تعاليم برمهنسا يوغانندا
حول كريا يوغا

Self-Realization Fellowship مكرسة لتقديم المساعدة دون قيود للباحثين في جميع أنحاء العالم. للحصول على معلومات بخصوص سلسلتنا السنوية من المحاضرات والفصول العامة، وخدمات التأمل الإلهامية في معابدنا ومراكزنا حول العالم، وجدول الخلوات والأنشطة الأخرى، ندعوكم لزيارة موقعنا على الإنترنت أو مقرنا العالمي:

www.yogananda.org

Self-Realization Fellowship
3880 San Rafael Avenue
Los Angeles, CA 90065-3219
+1(323) 225-2471

دروس
Self-Realization Fellowship

إرشادات وتعليمات شخصية
من برمهنسا يوغانندا حول التأمل ومبادئ الحياة الروحية

إذا كنت تشعر بالانجذاب إلى تعاليم برمهنسا يوغانندا، فإننا ندعوك للتسجيل في دروس *Self-Realization Fellowship*.

لقد أنشأ برمهنسا يوغانندا سلسلة الدراسة المنزلية هذه لإتاحة فرصة للباحثين المخلصين لتعلّم وممارسة أساليب تأمل اليوغا القديمة التي جلبها إلى الغرب – بما في ذلك علم الكريا يوغا *Kriya Yoga*. تقدم الدروس أيضاً إرشاداته العملية لتحقيق الازدهار، والرفاه الجسدي، والعقلي، والروحي.

تتوفر دروس *Self-Realization Fellowship* مقابل رسم رمزي (لتغطية تكاليف الطبع والبريد)، ويقدم رهبان وراهبات Self-Realization Fellowship لجميع الطلاب إرشادات شخصية حول الممارسة التطبيقية

لمزيد من المعلومات...

يرجى زيارة الموقع الإلكتروني www.srflessons.org أو طلب حزمة تتضمن معلومات مجانية شاملة عن الدروس.

ومن منشورات **Self-Realization Fellowship**

مذكرات يوغي
بقلم برمهنسا يوغانندا

تقدم هذه السيرة الذاتية المشهورة صورة رائعة لأحد الشخصيات الروحية العظيمة في عصرنا. بصراحة ممتعة، وبلاغة وفطنة شفافة، يروي برمهنسا يوغانندا سيرة حياته الملهمة بما فيها من تجارب طفولته الرائعة، ولقاءاته مع العديد من القديسين والحكماء خلال بحثه وهو فتىً يافع في جميع أنحاء الهند عن معلم مستنير، وتدريبه لعشر سنوات في صومعة معلم يوغا جليل، وثلاثين عاماً عاشها وعلّم خلالها في أمريكا. كما تحتوي السيرة أيضاً على لقاءاته مع المهاتما غاندي، ورابندرانات طاغور، ولوثر بربانك، والكاثوليكية تيريز نيومان التي حملت جروحاً تشبه جروح المسيح، وشخصيات روحية أخرى مشهورة من الشرق والغرب.

كتاب مذكرات يوغي *Autobiography of a Yogi* هو في الوقت نفسه قصة مدونة بأسلوب جميل لحياة استثنائية وهومقدمة عميقة لعلم اليوغا القديم وتقليد التأمل العريق، حيث يشرح المؤلف بوضوح القوانين الشفافة إنما الثابتة خلف كل الأحداث العادية للحياة اليومية والأحداث غير العادية التي تدعى عادة معجزات. وهكذا تصبح قصة حياته المشوقة خلفية أساسية لإلقاء نظرة ثاقبة لا تُنسى على الأسرار النهائية للوجود البشري.

يعتبر الكتاب من الكلاسيكيات الروحية الحديثة، وقد تُرجم إلى أكثر من خمسين لغة ويستخدم على نطاق واسع ككتاب دراسي وعمل مرجعي في الكليات والجامعات، وهو من أكثر الكتب مبيعاً منذ نشره لأول مرة قبل أكثر من خمسة وسبعين عاماً، وقد وجدت هذه السيرة الذاتية طريقها إلى قلوب ملايين القراء حول العالم.

"**قصة نادرة.**" — نيويورك تايمز

"**دراسة رائعة ومستوفية الشروح**" — نيوزويك

"**لم يُدون من قبل، لا باللغة الإنجليزية ولا بأية لغة أوروبية أخرى، مثل هذا العرض لليوغا.**" — مطبعة جامعة كولومبيا

كتب باللغة العربية من تأليف برمهنسا يوغانندا

منشورات عربية من Self-Realization Fellowship

متوفرة على الموقع الإلكتروني

www.srfbooks.org

أو غيره من مكتبات بيع الكتب عبر الإنترنت

كيف يمكنك محادثة الله

يُعرّف برمهنسا يوغانندا الله بأنه الروح الكوني الفائق والأب، والأم، والصديق الشخصي المحب والقريب من الجميع، ويبيّن مدى قرب الرب من كل واحد منا، وكيف يمكن إقناعه بأن "يكسر صمته" ويستجيب بطريقة محسوسة.

توكيدات شفاء علمية

في هذا الكتاب الذي يشتمل على مجموعة واسعة من التوكيدات يقدم برمهنسا يوغانندا شرحاً عميقاً للأسس العلمية للتوكيد. ويشرح طريقة عمل التوكيدات، وكيف يمكن استخدام قوة الكلمة والفكر ليس فقط لاستجلاب الشفاء، ولكن أيضاً لإحداث التغيير المرغوب في كل مجال من مجالات الحياة.

تأملات ميتافيزيقية

أكثر من ٣٠٠ من التأملات والصلوات والتوكيدات الروحية التي تلهم الفكر وتسمو به، والتي يمكن استخدامها لتنمية قدر أكبر من الصحة، والحيوية، والإبداع، والثقة بالنفس، والهدوء؛ وللعيش بدراية أكبر بحضور الله الذي يغمر النفس بالغبطة والابتهاج.

عِلم الدين

في هذا الكتاب، يبين برمهنسا يوغانندا أن داخل كل إنسان توجد رغبة حتمية لا مفر منها وهي التغلب على المعاناة والحصول على سعادة لا انتهاء لها. وإذ يشرح كيف يمكن تحقيق هذه الأشواق، فإنه يتناول بدقة الفعالية النسبية للمقاربات المختلفة لتحقيق هذا الهدف.

قانون النجاح

يشرح المبادئ الديناميكية لتحقيق أهداف المرء في الحياة، ويحدد القوانين الكونية التي تحقق النجاح وتجلب الرضا – على المستوى الشخصي والمهني والروحي.

همسات من الأبدية

مجموعة من صلوات برمهنسا يوغانندا واختباراته الإلهية في حالات التأمل السامية. إن كلماته المدونة بجمال شعري وإيقاع رائع تظهر تنوعاً لا ينفد لطبيعة الله والعذوبة اللامتناهية التي يستجيب بها لمن يبحثون عنه.

مأثورات برمهنسا يوغانندا

مجموعة من الأقوال والمشورة الحكيمة التي تنقل ردود برمهنسا يوغانندا الصريحة والمفعمة بالمحبة لأولئك الذين قصدوه التماساً للتوجيه والإرشاد. المأثورات في هذا الكتاب، التي تم تدوينها بواسطة عدد من تلاميذه المقربين، تتيح للقارئ فرصة المشاركة في لقاءاتهم مع المعلم.

كتب باللغة الإنكليزية لبرمهنسا يوغاننداـ

Autobiography of a Yogi

God Talks With Arjuna: The Bhagavad Gita
— A New Translation and Commentary

**The Second Coming of Christ:
The Resurrection of the Christ Within You**
*— A Revelatory Commentary on the
Original Teachings of Jesus*

The Yoga of the Bhagavad Gita

The Yoga of Jesus

The Collected Talks and Essays
Volume I: Man's Eternal Quest
Volume II: The Divine Romance
Volume III: Journey to Self-realization

**Wine of the Mystic:
The Rubaiyat of Omar Khayyam**
— A Spiritual Interpretation

Songs of the Soul

Whispers from Eternity

Scientific Healing Affirmations

In the Sanctuary of the Soul:
A Guide to Effective Prayer

The Science of Religion

Metaphysical Meditations

Where There Is Light
—Insight and Inspiration for Meeting Life's Challenges

Sayings of Paramahansa Yogananda

Inner Peace:
How to Be Calmly Active and Actively Calm

Living Fearlessly
—Bringing Out Your Inner Soul Strength

The Law of Success

How You Can Talk With God

Why God Permits Evil and How to Rise Above It

To Be Victorious in Life

Cosmic Chants

تسجيلات برمهنسا يوغانندا الصوتية

Beholding the One in All

The Great Light of God

Songs of My Heart

To Make Heaven on Earth

Removing All Sorrow and Suffering

Follow the Path of Christ, Krishna, and the Masters

Awake in the Cosmic Dream

Be a Smile Millionaire

One Life Versus Reincarnation

In the Glory of the Spirit

Self-Realization: The Inner and the Outer Path

منشورات أخرى من
Self-Realization Fellowship

The Holy Science
— Swami Sri Yukteswar

Only Love:
Living the Spiritual Life in a Changing World
— Sri Daya Mata

Finding the Joy Within You:
Personal Counsel for God-Centered Living
— Sri Daya Mata

Intuition:
Soul Guidance for Life's Decisions
— Sri Daya Mata

God Alone:
The Life and Letters of a Saint
— Sri Gyanamata

"Mejda":
The Family and the Early Life of
Paramahansa Yogananda
— Sananda Lal Ghosh

Self-Realization
(مجلة أسسها برمهنسا يوغانندا في عام ١٩٢٥)

دي في دي فيديو

Awake: The Life of Yogananda
فيلم من إنتاج شركة أفلام كاونتربوينت

يتوفر كتالوج كامل يحتوي على كتب وتسجيلات فيديو/ تسجيلات صوتية – بما في ذلك تسجيلات أرشيفية نادرة لبرمهنسا يوغانندا – على الموقع الإلكتروني:
www.srfbooks.org

حزمة تقديمية مجانية
الطريقة العلمية للتأمل التي علّمها برمهنسا يوغانندا، بما في ذلك كريا يوغا – إلى جانب توجيهاته بخصوص كافة جوانب العيش الروحي المتزن – يتم تلقينها في دروس *Self-Realization Fellowship*. يرجى زيارة الموقع الإلكتروني www.srflessons.org وطلب حزمة معلومات مجانية شاملة عن الدروس.

Self-Realization Fellowship
3880 San Rafael Avenue • Los Angeles, CA 90065-3219
Tel +1(323) 225-2471 • fax +1(323) 225-5088

www.yogananda.org